《山西文華》編纂委員會　編

山西出版傳媒集團
三晋出版社

山西文華·史料編

盂縣金石志略　盂縣造像録

民國　王堉昌◎輯録

圖書在版編目(CIP)數據

孟縣金石志略;孟縣造像録 / 王堉昌輯録. —太原：三晋出版社，2018.10

ISBN 978-7-5457-1786-0

Ⅰ. ①孟… Ⅱ. ①王… Ⅲ. ①金石—研究—孟縣 ②造像—研究—孟縣—古代 Ⅳ. ①K877.24 ②K879.34

中國版本圖書館 CIP 數據核字(2018)第 260009 號

盂縣金石志略　盂縣造像録

輯 録 者：〔民國〕王堉昌
責任編輯：解　瑞
封扉設計：山西天目·王明自

出 版 者：山西出版傳媒集團·三晋出版社（原山西古籍出版社）
地　　址：太原市建設南路 21 號
郵　　編：030012
電　　話：0351-4922268（發行中心）
0351-4956036（總編室）
0351-4922203（印製部）
網　　址：http://www.sjcbs.cn

經 銷 者：新華書店
承 印 者：山西人民印刷有限責任公司

開　　本：700mm × 1000mm　1/16
印　　張：17.25
字　　數：110 千字
版　　次：2018 年 11 月　第 1 版
印　　次：2018 年 11 月　第 1 次印刷
書　　號：ISBN　978-7-5457-1786-0
定　　價：95.00 圓

ISBN 978-7-5457-1786-0

《山西文華》編纂委員會

出版説明

山西東屏太行，西瀕黄河，北通塞外，南控中原，是中華民族的主要發祥地之一。中華文明輝煌燦爛，三晋文化源遠流長。歷史文獻豐富，文化遺産厚重，形成了兼容並包、積澱深厚、韵味獨特的晋文化。山西省政府决定編纂大型歷史文獻叢書《山西文華》，以彙集三晋文獻、傳承三晋文化、弘揚三晋文明。《山西文華》力求把握正確方向，尊重歷史原貌，突出山西特色，薈萃文化精華，按照搶救、保護、整理、傳承的原則整理出版圖書。叢書規模大，編纂時間長，參與人員多，特將有關編纂則例簡要説明如下。

一、《山西文華》是有關山西現今地域的大型歷史文獻叢書，分「著述編」「史料編」「圖録編」。每編之下項目平列；重大系列性項目，按其項目規模特徵，制定合理的編纂方式。

二、「著述編」以一九四九年十月一日前山西籍作者（含長期在晋之作者）的著述爲主，兼收今人有關山西歷史文化的研究性著述。

三、「史料編」收録一九四九年十月一日前有關山西的方志、金石、日記、年譜、族譜、檔案、報刊等史料，以影印爲主要整理方式。

四、「圖録編」主要收録一九四九年十月一日前有關山西的文化遺産精華，包括古代建築、壁畫、彩塑、書畫、民間藝術等，兼收古地圖等大型圖文資料。

五、今人著述采用簡體漢字横排，古代著述采用繁體漢字横排。

《山西文華》編纂委員會

出版前言

盂居晉東，乃春秋晋大夫盂丙之邑，以山巒回合，中低如盂而得名。春秋仇由舊地，晋國趙氏興衰，北魏千佛盛景，清初名士棲隱，盂縣一地，其境内雲霞萬色，金石千聲，實乃中華文明滄桑變遷的一幅重彩畫卷。

王堉昌①（一八七六—一九三八），字養齋，號是愚公，别號高涼迂叟，山西稷山縣城關南街人，少習舉業，文名早播，清光緒二十二年（一八九六）中舉，後于山西大學中齋畢業。一九二一年至一九三七年，王堉昌歷任河南省武安知縣及山西榆社、盂縣、太谷、汾陽等縣縣長。一九三八年任山西省府秘書處第一科科長及省文獻委員會編輯等職。王堉昌工詩文，善書法②，嗜金石，案牘偷閑，不廢風騷。所歷各縣跋山涉水，輒有述作，其撰有《盂縣金石志略》《盂縣造像録》《汾陽縣金石類編》《愚民春秋》《明朱滄先生文集序》等。

民國甲子（一九二四）初夏至丁卯（一九二七）仲春，辛未（一九三一）仲冬至癸酉（一九三三）仲秋，王堉昌兩番蒞任盂縣，公事之餘，搜羅所見之金石古物，稽考群書，矢心參訂，裒輯成《盂縣金石志略》与《盂縣造像録》二書。

① 此处所述王堉昌生平事迹，詳見楊懷豐撰《王堉昌傳略》，《稷山文史資料》第一輯。

② 今山西盂縣萬花洞有其題篆書「萬花洞」三大字，盂縣水神山石壁存其題詩：「向前有别境，轉步登雲梯。」

《盂縣金石志略》全書兩卷，卷一爲金類，下置錢幣、鐘磬、鑄像、醮樓、古瓶、戈劍、古鑑（含昭心鏡、北齊宫鏡兩種）七部分，錢幣類又細分爲莒刀、金錯刀、古布、古泉四類。王堉昌于序言中曾言盂縣：「久爲文物之邦，其人風淳俗厚，富於保守性質，故城鄉金石古物遺存者尚夥。」「縣人好余所好，舉數年來出土之刀布泉鑑，悉以示余。」由此可見此書取材之豐富切實。卷一所收録之刀布泉鑑，大小悉照原型拓模，下附詳細的文字校釋與按語；部分拓片文字因風化、人爲毀壞等原因，模糊難辨，則在下方標明「未識」，以備來者追考。此外，王堉昌于卷一末另撰有「金類補正」，專對莒刀、古布、常平錢、天啟錢進行了考釋，剖析毫芒，言必有據，「古今幣制沿革，皆爲政治所關」，是爲確論。卷二爲石類，下置造像四十二（含北魏至元造像六、東魏至隋造像碑十三、北齊時造像塔三、北魏至宋摩崖造像二十）；幢塔五十八（含唐至明寺廟石幢二十五①、宋至明墳墓石幢三十三）；碑記六十七（含宋至清寺廟碑記五十九、元明墳墓碑記八）；宋金敕牒四；詩刻十八②（含金至清詩碣九、元至清附題詩刻四、清摩崖石刻五）；北魏至清摩崖題刻六；古石斧一。卷二末附陶類（含磚甓、瓶缶、造像）與木類。整卷所收，均爲研究盂縣社會歷史、地方經濟、文化藝術的重要史料，但王堉昌並未限于一般性的金石搜求整理與輯録存古，而是窮年探索，傾其心力進行了精細詳明的考證工作，補缺鈎沉，見解獨到，具有較高的學術價值。如《唐邢天護等摩崖造像》後有其按語：「右崖極高，居烏河下游，上元三年一區，書盂縣等字，足徵貞觀元年已併烏河縣入盂也。」由摩崖石刻索幽，延展至盂縣地理沿革，

① 《盂縣金石志略》中計爲二十七，疑有誤。

② 《盂縣金石志略》中計爲十七，疑有誤。

不朽之金石，亦成爲流動的歷史。

盂縣地近五臺山，佛風昌熾，捨財集資，宏發心願，敬造摩崖造像者不可勝計，民國乙丑（一九二五），王堉昌在編撰《盂縣金石志略》之餘，目睹代遠寺廢，殘像僅存，有感于造像一宗「前代金石名家以事涉釋道，罕有見録」，且「近時歐美考古者不惜重價蒐羅，而吾人反以不足輕重視之，坐視數千百年之古物散軼於東西洋各國」，遂專門採集《盂縣造像録》一册，繕録盂縣境内造像三十一（含北魏四、東魏五、北齊十、隋三、唐三、宋二、金一、元一、明二）；對其形制、碑記、題名、發願文等均進行了詳細記録，並追溯分析了盂縣造像的歷史源流、風格特色。一册在手，可以考見佛教造像在盂縣演變的歷程——造像發起者從家族到佛社，造像風格從初級簡易到形制完備，造像功能從單純祈福趨向多元。同時，王堉昌對造像這一傳統文化現象也進行了公允評價：「迷信之詞，實有忠厚之旨，無可厚非也。」

千佛寺，位于盂縣南興道村千佛山，其地石雕造像總計千餘尊，是山西晉東地區唯一的時間延續最久、内容最豐富的佛造像。關于北魏千佛寺摩崖造像（孝武帝永熙元年、二年又孝静帝興和三年）的記載與追考在《盂縣金石志略》《盂縣造像録》中均佔有很大篇幅，其内容为研究晉東地區石造像的傳承與發展提供了寶貴的文獻資料，「考古勵今，皆堪資助，國萃所關，尤宜保存」，王堉昌當日呼籲之聲，誠非虛言。

盂縣吴氏，累朝簪纓，譜牒燦然，歷代祖功宗德昭垂史册者，指不勝屈。《盂縣金石志略》卷二收有後至元六年（一三四〇）五月所立《元吴氏世系顯耀碑》，上書方山吴氏自金天會間吴曼及元初吴琇等顯耀始末及世系圖，王堉昌結合相關志書，據碑文對方山吴氏一門進行了縝密考證，「此碑記（吴氏）遠祖爲金天會間吴曼，考之天會十五年爲南宋紹興七年，斯時曼已居盂，非吴璘之後始遷盂也。吴琇奉太師國王木華黎之令封安遠大將軍，非封太師也，舊志均誤。」碑史互證，俾吴氏後人諳祖宗之譜系，知世次之先後，傳一脉而無忘，王堉昌傳古之功，于此可見一斑。

盂縣之藏山靈境，藏忠藏義，高風千古，山中金石文化，亦是就景就史，燦然長留，其精華于《盂縣金石志略》中，可見犖犖大端。卷一金類收有《明建藏山醮樓記》《藏山文子廟香瓶》，卷二石類收有《元藏山廟醮台記》《元藏山神醮台記》《明藏山廟禁宰殺石柱》《元重修藏山神廟記》《元萇池里創建藏山神廟記》《元重修藏山廟記》《元宋莊創建藏山祠記》《元重修藏山神祠記》《元李莊藏山祠記》《明藏山趙文子碑頌》《明藏山龍洞詩碣》《清藏山禱雨詩碣》《清藏山文子祠詩刻》《清藏山摩崖詩刻》《明藏山乾坤四字題刻》《藏山文子祠楹聯》等，顯著功德，激勵風聲，真實反映了盂縣的悠久歷史，見證了藏山忠義文化的博大精深。

明崇禎甲申（一六四四），中原日暮，神州板蕩，山西名士傅山奉老母在盂縣避難，曾長期居于藏山。流寓期間，傅山滿懷憂憤，游歷考察盂縣山川關隘，遍訪仁人志士，多有筆墨遺留。《盂縣金石志略》卷二末附木類，主要收録盂縣境内之楹聯、匾額，其中尤以傅山題寫爲最。如傅青主雙鶴山楹聯——「簾疏懸白日，地僻遠紅塵。」可與傅山《霜紅龕集》中游雙鶴山之詩翰互證。另如傅山爲盂縣桃園村（在今盂縣梁家寨鄉南部）三義廟題寫之匾額——「君臣際會」，落款爲「康熙丁亥孟冬傅山書光緒丙子重修」，王堉昌于此匾額後詳加按語：「按青主於康熙十七年戊午舉博學宏詞，時年七十四歲，先生壽近八旬，計康熙四十六年丁亥已一百零六歲。據小横溝修玉皇廟碑書『丁亥寓道人真山』，是爲順治四年丁亥居盂時所書。况先生素不書清年號，『康熙』二字是爲後人添加無疑。先生書汾陽朱之俊所撰真武廟碑，亦加『順治』二字，皆不知先生者之所爲耳。」傅山當日緣情吟詠之筆墨或已無蹤，然其雄渾文風、高妙書法、潛德幽光，于《盂縣金石志略》一編中，依然昭昭千古。

盂縣之金石，弘文記事、宣功樹德，是盂縣地方歷史文化、社會生活、民情風俗研究原始而真實的史料載體，然正如金石家陸增祥①所言：「金有時毁，石有時泐，賴墨本以傳之，墨本聚散何常，存亡賴著録以傳之。」《盂縣金石志略》与《盂縣造像録》二書，乃王堉昌探古訪碑，歷閲多載編就，可謂久久爲功。二〇一八年，三晋出版社將其納入《山西文華》叢書，原版影印，並重新編製了目録及書眉，使之易讀易查，允爲善舉。

李雪梅

二〇一八年十月

① 陸增祥（一八一六—一八八二），江蘇太倉人。字魁仲，號星農、莘農。道光三十年（一八五〇）一甲一名進士，官翰林院修撰，歷官湖南辰永沅靖道，有政聲，以疾告歸。少通六書，好學博覽，精金石學。著有《金石補正》《篆墨述詁》《筠清館金石記目》《金石偶存》《三百磚硯録》《八瓊室待訪金石録》等。

目録

盂縣金石志略

盂縣造像録

盂縣金石志略

盂縣金石志略

附陶木類

盂縣金石志略序

盂居晉東僻隅山川靈秀久爲文物之邦其人風淳俗厚富於保守性質故城鄉金石古物遺存者尚夥余於民國甲子初夏至丁卯仲春又辛未仲冬至癸酉仲秋兩任公餘搜羅不下二百餘種編輯原文亦有五六類之多考証舊志則原志之錯漏實多因擬重修盂乘以爲補正乃自乙丑舉辦以至辛未歷閱六年尚未殺青其中以軍務倥偬停滯者半以財務拮据停滯者又半辛未冬復蒞盂力與諸紳士謀厥成而金石一類又自爲編輯以竟夙志幸縣人好余所好舉數年來出土之力布泉鑑悉以示余似若天假其緣者乃甫脫金石稿而又調任汾陽以致虧於一簣似又若

天吝其緣者噫曩於癸亥蒞汾曾搜集金石以備修志而次年調盂矣今又由盂而調汾似天吝其緣而又復假其緣者胡前後巧遇之若是也今蒞汾而前之金石未備者可復輯矣前之修志未舉者可復舉矣然又安知不若盂之緣吝也又安保其能必於成也雖然汾志未必成而汾之金石則未可恝置也盂志即未成而盂之金石則尚可以志其略也或曰是即可以爲盂縣金石志略也爾何妨以此略先志之於是訂金石志略以就正於大雅其文編則以俟之異日

中華民國二十三年甲戌長至日

迂叟王堉昌志

金類

錢幣

莒刀

正面　背面　背

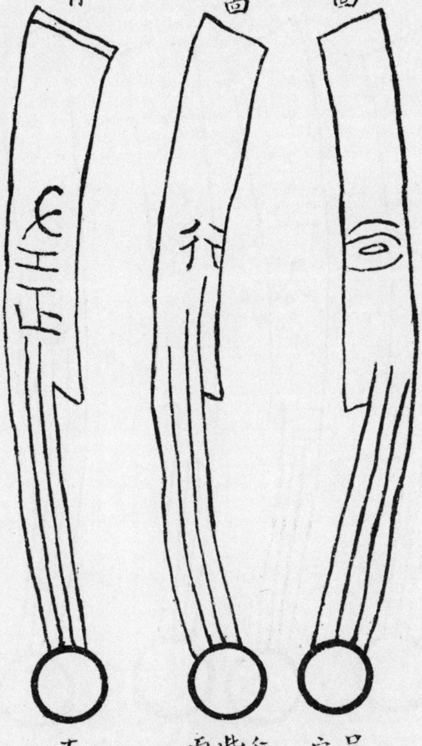

呂字即莒字之省文

行篆文　此後均爲背面因正面均係司字故省刻

左正二字

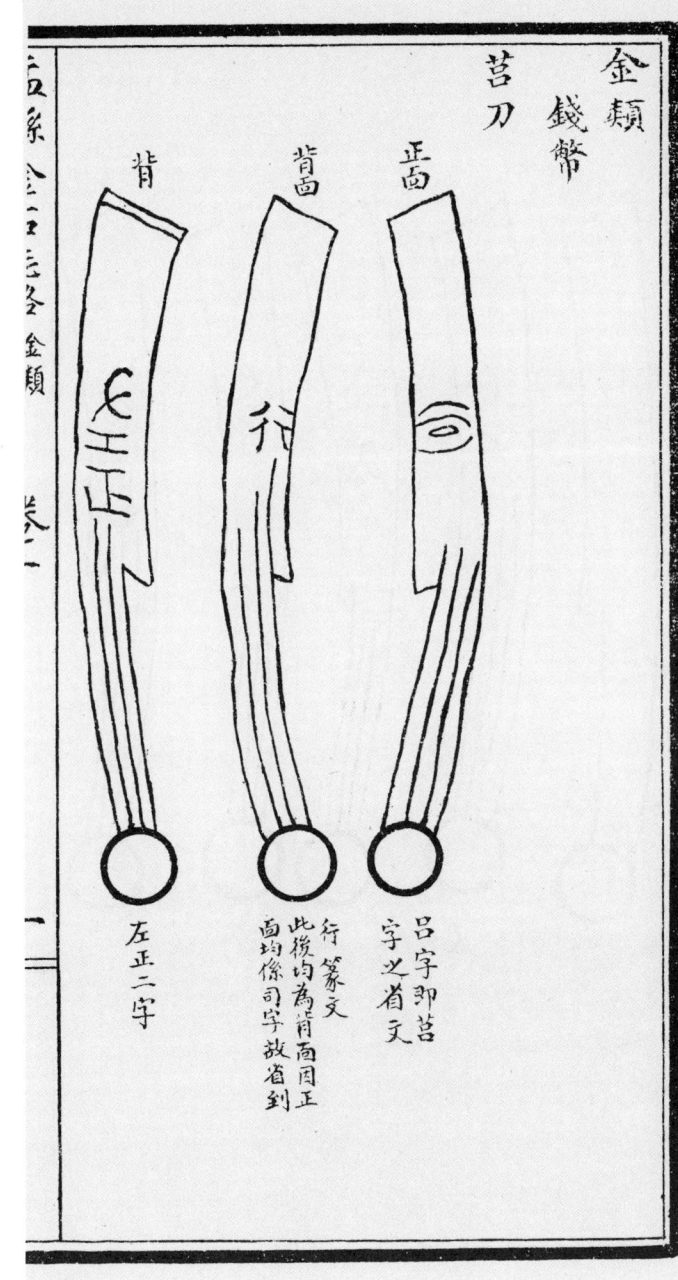

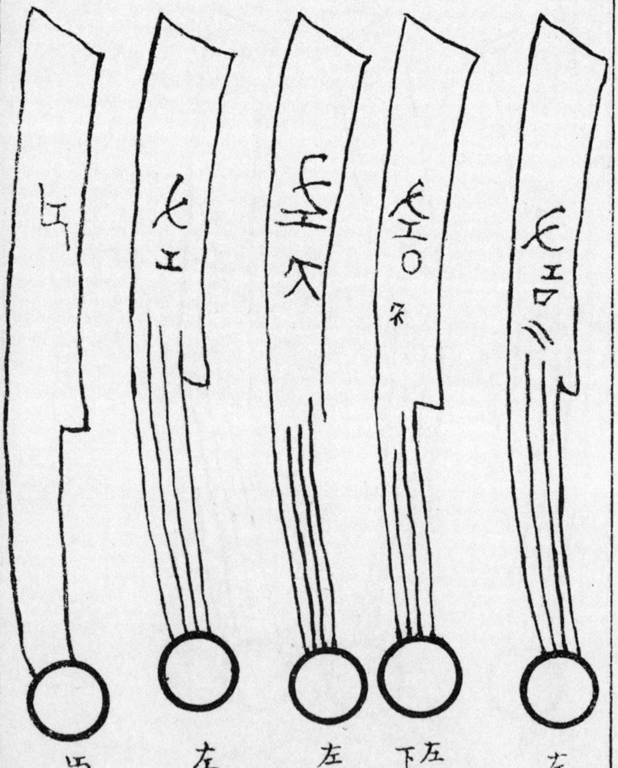

左々二

左○二字下剥

左不

左

丏

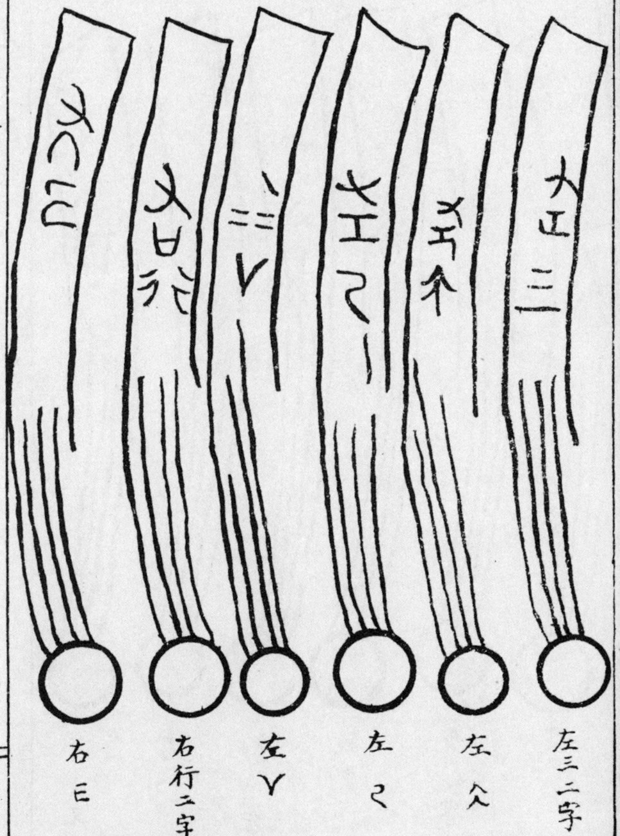
左三二字
左
左
左
右行二字
右

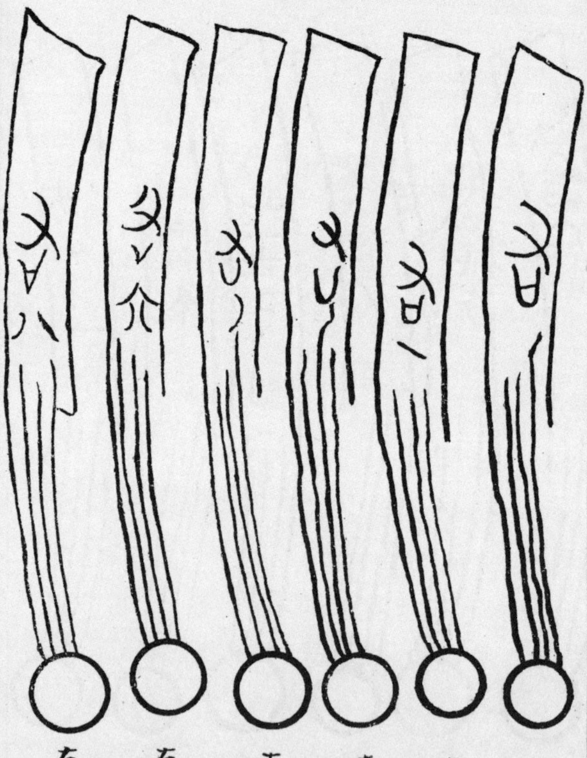

右丨二文

右一

右く二字

右丿

右六二字

右八

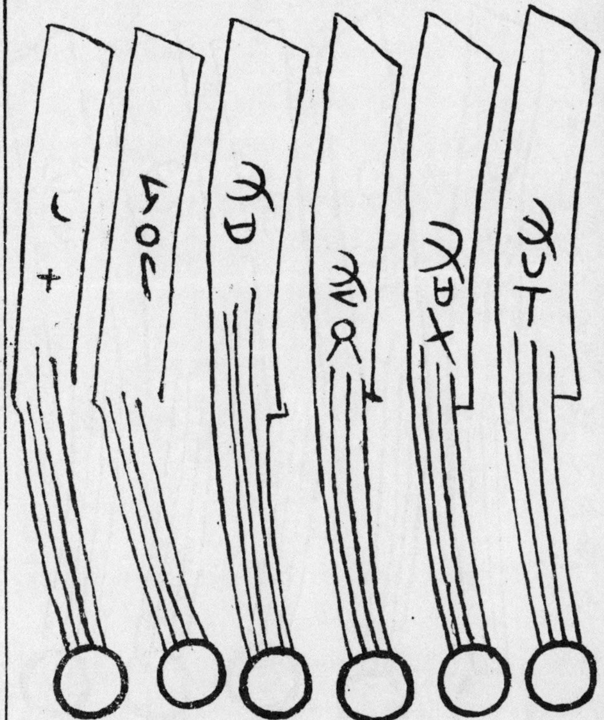

右丁二字

右七

右○八

右下剝

右下剝

右下剝十

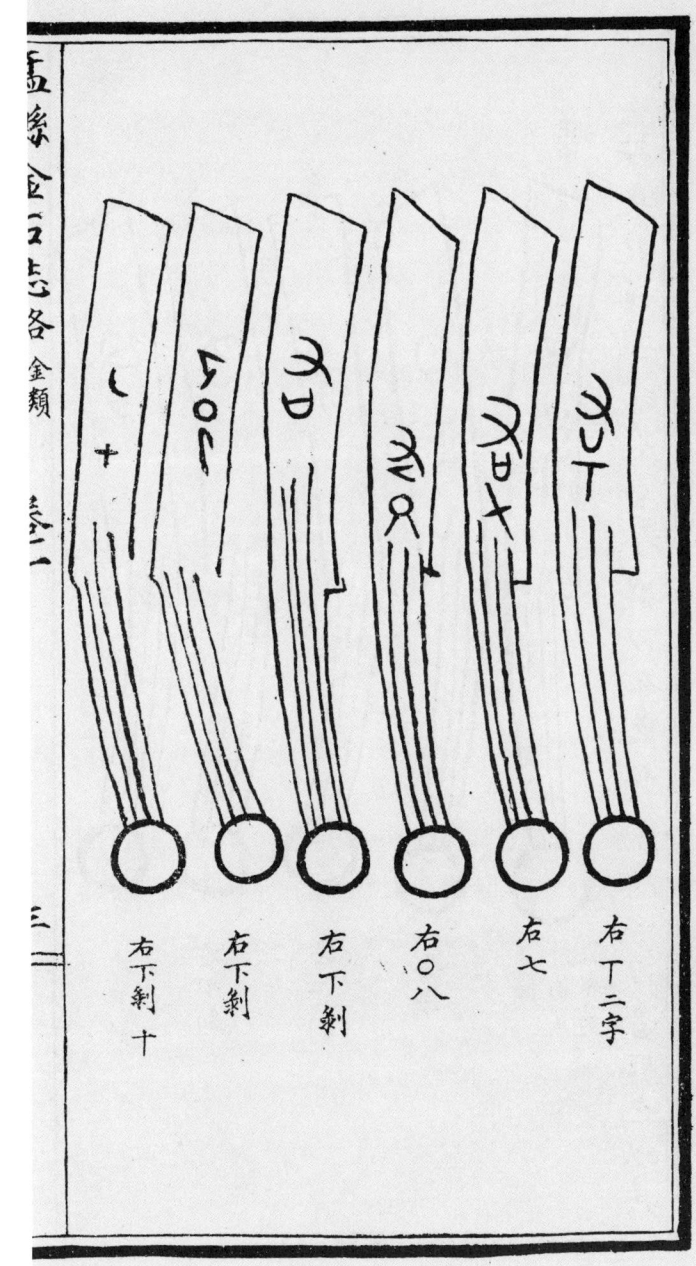

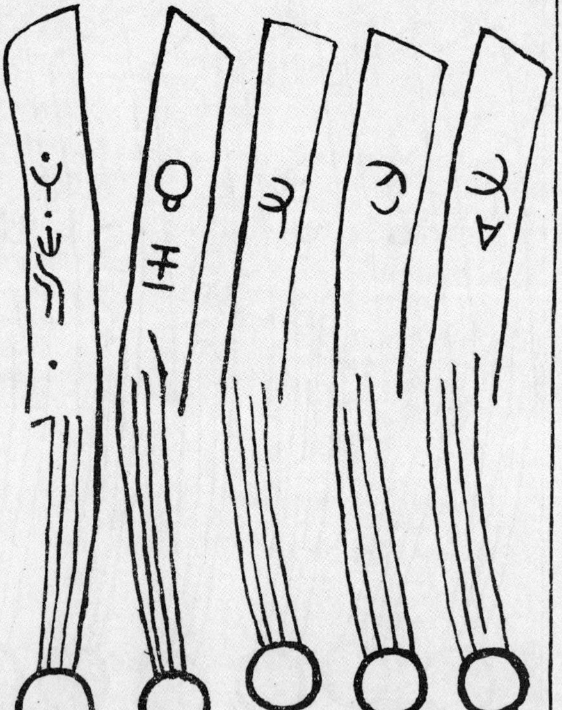

按史記平準書龜貝金錢刀布之幣索隱曰刀者錢也以其

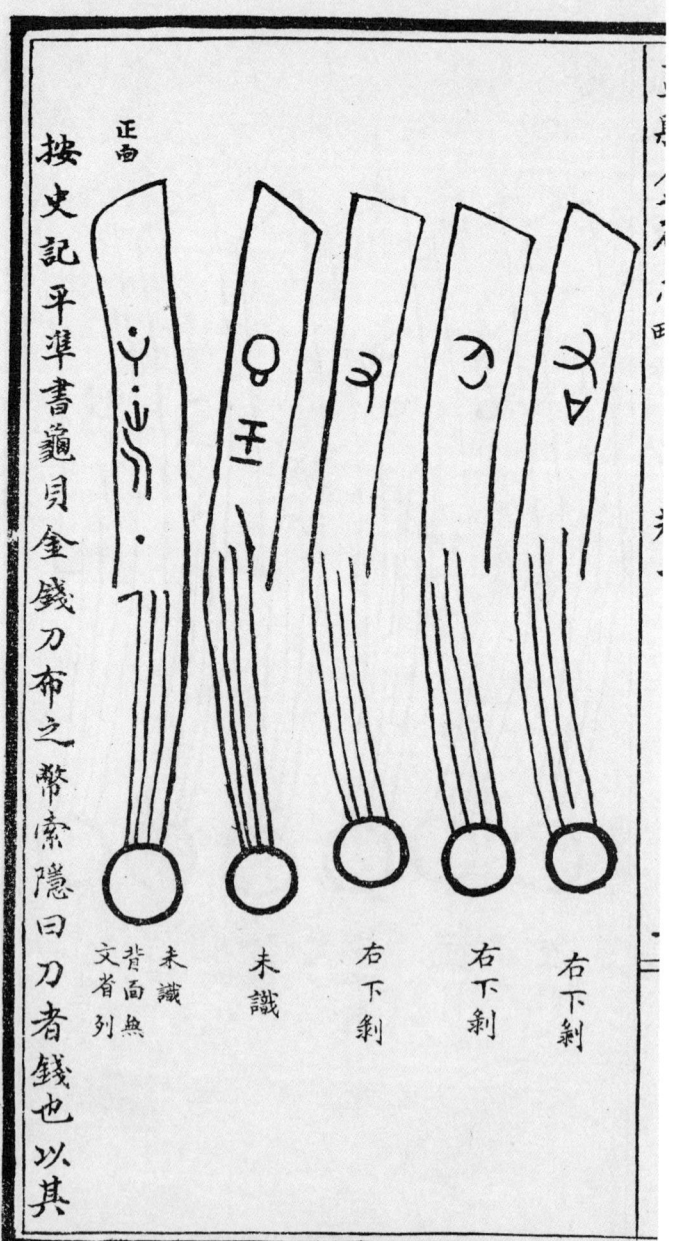

形如刀漢志太公為立九府圜法退又行之於齊此刀柄為圜即圜法也桓公令輕罪贖以金刀故齊刀為多如齊寶貨刀（文篆亝杏北三字）山西通志杏作法字省文金石索杏作古寶字又安陽寶貨刀（文篆安昜之杏北五字）即墨寶貨刀（文篆節墨之杏北六字）筥刀（文篆㠯字）皆齊刀也考即墨莒皆齊邑國策樂毅代齊城不下者惟莒及即墨是也安陽為莒邑五陽之一後漢趙彥傳云莒有五陽之地注五陽謂城陽南武陽開陽陽都安陽是也此刀面皆書㠯字蓋㠯為吕即莒之省文也與新莽契刀（圜如大錢身形如刀文曰契刀）及金錯刀（以黃金錯其文曰一刀平五千圜亦如大錢）均不同故此竊為周刀其背文有行及左

右數目字之别兹擇其異者臚列如右

金錯刀

正

一刀
平五千

背

平五千

右刀金錯隆起色已銹蝕其字尚清劉慎餘所藏

按漢志新莽錯刀以黃金錯其文曰一刀直五千張晏曰錯刀則刻之作字以黃金填其文即此刀也輪廓隆起一刀二字填平然亦有隆起者以金填未平也又有空若雙鈎者以金庀脱落也至平五千係鑄成不填金志云直五千係解平五千之義非原為直字也莽時以金刀含有劉字故行未久

即罷古詩云美人贈我金錯刀何以報之英瓊瑤足見當時之缺而貴矣

古布

方足　正面

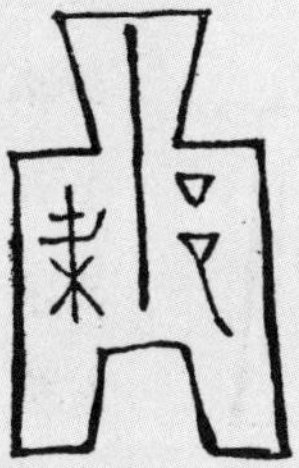

足作邑邾析列朿作米為邾

背面

右邾方足貨文一析列有作𣪘者有作䑛者金石索引路史堯通刀幣一品小者号米古文泉字久在水外詳董氏譜此作邑朿蓋小布也又舜五二幣作朿䇂鈲五二尚乎舜當金幣作朿夲鈲全尚乎均以朿作来字以朿為乘之者文也夲夲均作馬字號舜馬幣然以夲字為圜圜似篆夲字古文系字今文玄字通作幺字夲一作充字路史均作馬字未解按前釋朿作米為泉夲作玄為小是為小泉但此布作夲為邑朿作米即朱字則似邾字析列如鄭布之例當為邾邑之布攷春秋隱元年公及邾儀父盟於蔑注邾今魯國鄒縣也以列國布多鑄邑名故審為邾

方足

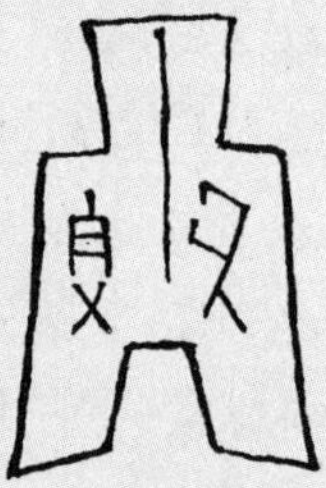

邑剝作夂
冥省作㒵

右鄍方足貨分為卩冥二字有作鼆有作鼆此省作鼆左僖二年冀伐鄍三門杜注鄍虞邑後屬晉今平陸縣東北二十里三門又在其東又左傳昭十九年楚子之在蔡也鄍陽封人之女奔之說文鄍蔡邑也左傳今本多作郹此布作㒵似為鄍字析列或為鄍邑之布也

方足

安作宧
陽作昜

方足

安剌作[illegible]
陽剌作[illegible]

方足

安剌作[illegible]
陽剌作[illegible]

方足

安剌作[illegible]
陽作[illegible]

方足

安剌作[illegible]
陽残作[illegible]

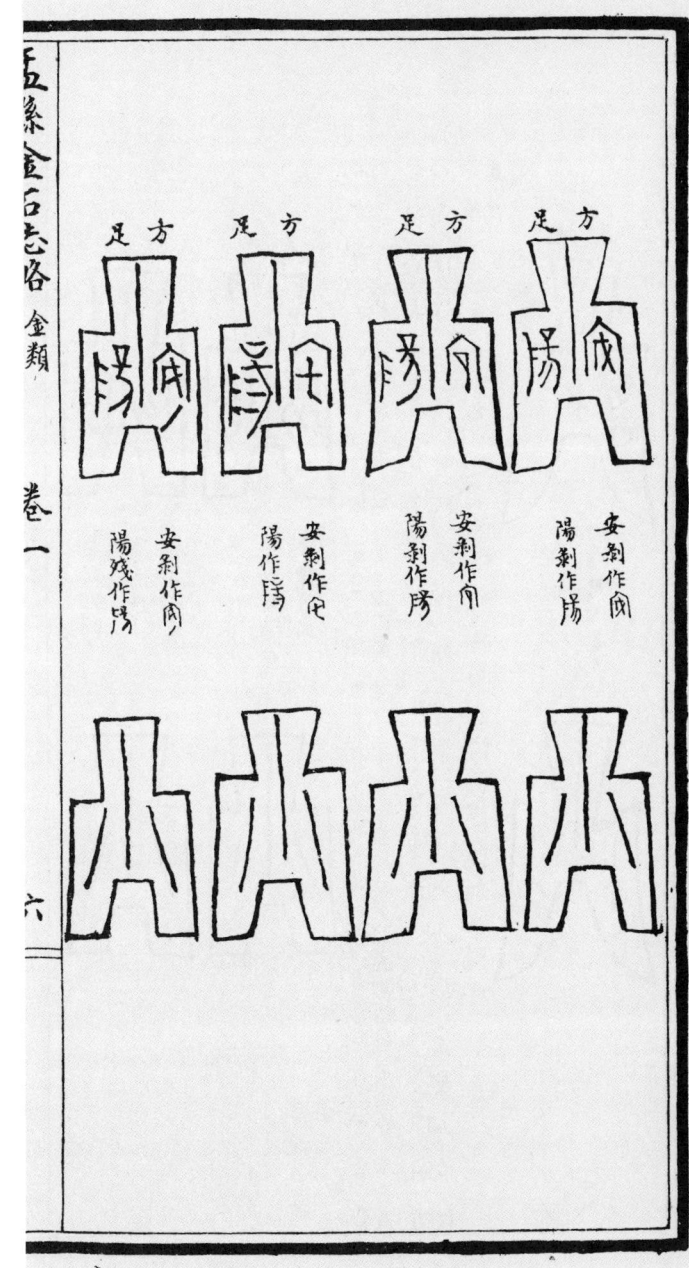

方足

安剢作冏
陽作阝昜

方足

安剢作阝少
陽與安陽布
字體㔁同

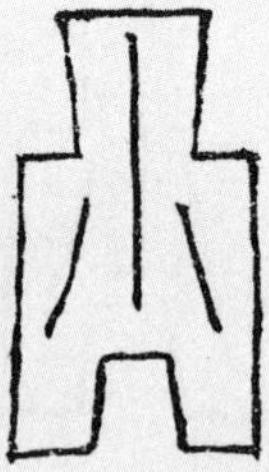

右安陽方足貨又安陽二字平列有作冏昜者有作冏昜背刻左丨於左肩有刻於右肩者有作冏昜背刻奇丨於左肩有刻於右肩者有作冏昜者有作冏陽者此作冏陽作冏昜作冏陽作氏陽作冏陽作冏陽皆剢落之不同也金石索謂安陽爲齊莒邑五陽之一也（五陽謂城陽南武陽開陽陽都安陽也）

銳足

貨者作乂
陽倒作昜

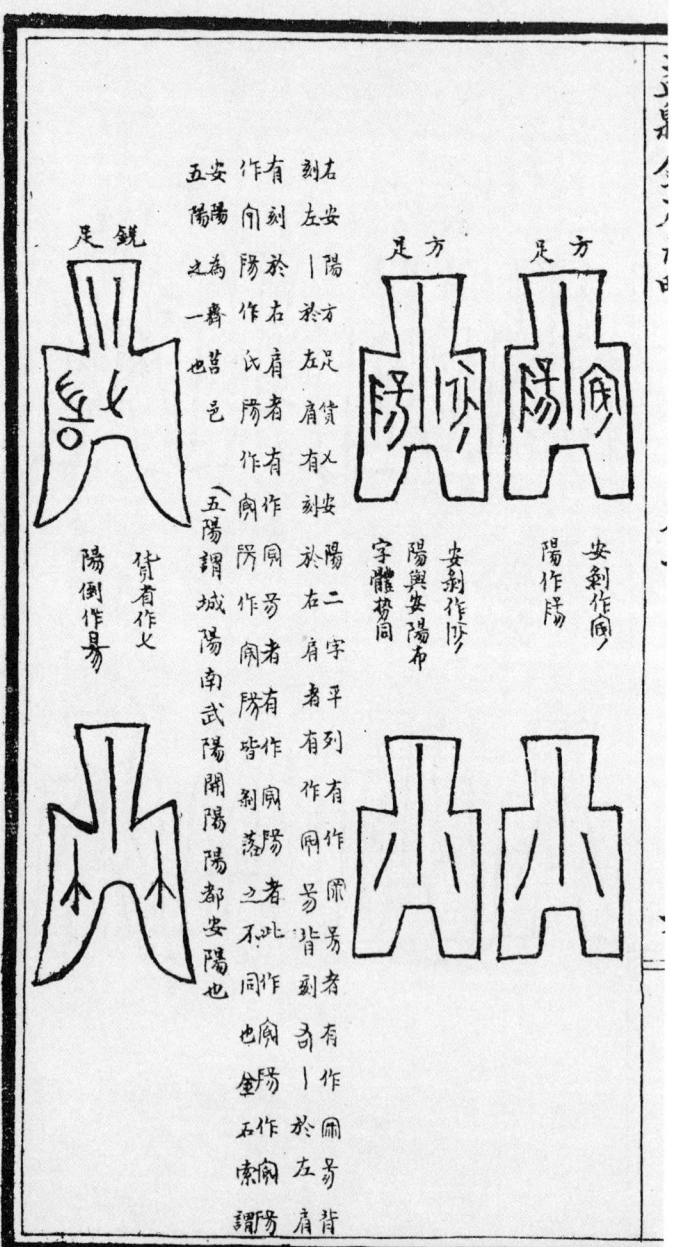

銳足

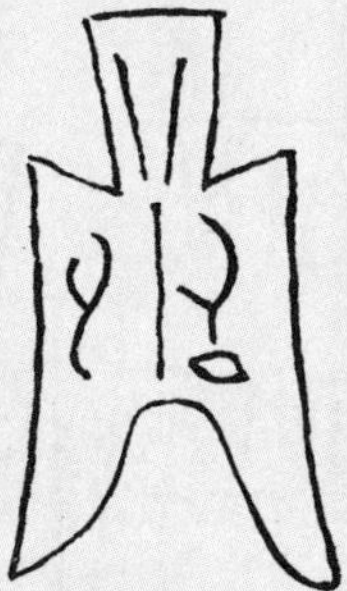

陽倒作[illegible]殘剝　貨倒作[illegible]

右陽邑銳足貨二有右讀作暘者有左讀作[illegible]倒文者有反書作陽者此即倒文作陽化蓋陽邑之貨也漢地理志陽邑屬太原郡今太谷縣東二十里陽邑鎮即晉大夫陽子之邑也

銳足

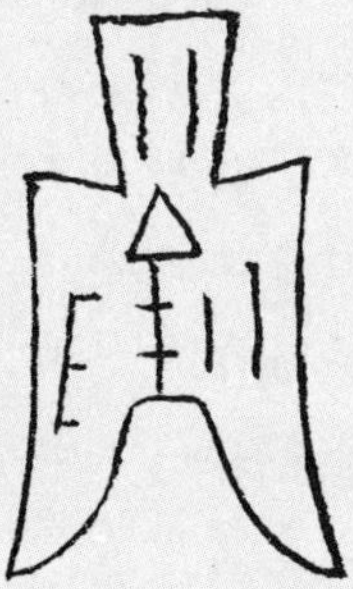

大陰

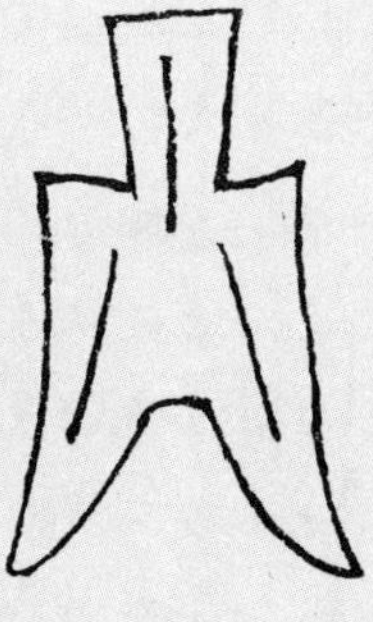

右太陰銳足貨一金石索作　釋為大一金旁木識背文半山西金石記太陰方足貨文作太陰平列亦有作銓者此文半陰似為陰其刂似為大字之剝者其背文亦似有半而剝不顯者故審為大陰貨　按路史陰古國名左傳哀四年使為

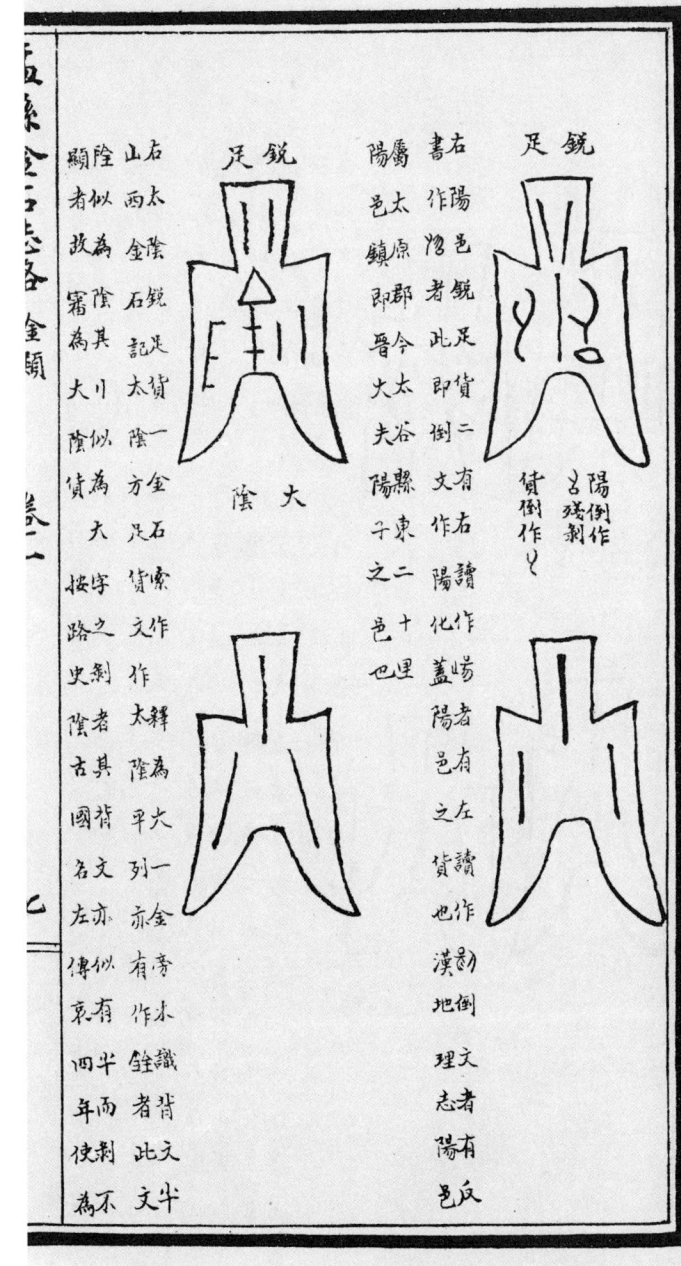

陰地之大夫士蔑注陰晉地然不名為大陰方小東云大陰太行之陰饋布孜據漢志大陽在太河之陽大陰當在大河之陰又左傳十五年晉陰飴甥注食采於陰博物記永安有呂甥邑蓋呂甥先食采於陰後并食呂邑也永安呂城在今霍縣是陰亦在今霍縣也楊氏秋湄曰按寰宇記大陰山在絳縣東南十里縣治古東箱城在大陰山北縣北絳山出銅鑛具東穷備山出鉄鑛是自古為鼓鑄之地故此地有方圜鋭足較他布獨備而文有正書反書旁書亦較他布為多蓋地近晉都物庶用宏是太陰或為山名或為邑名要在新故二絳間為晉布無疑也

方足　　鋭足

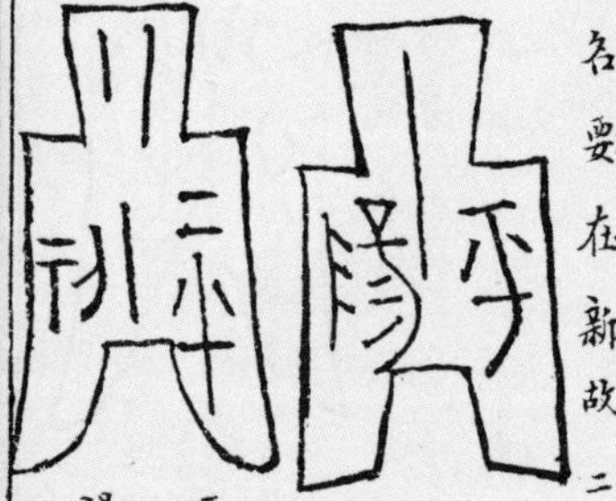

平作平　陽作陽

平作平　陽剩作昜

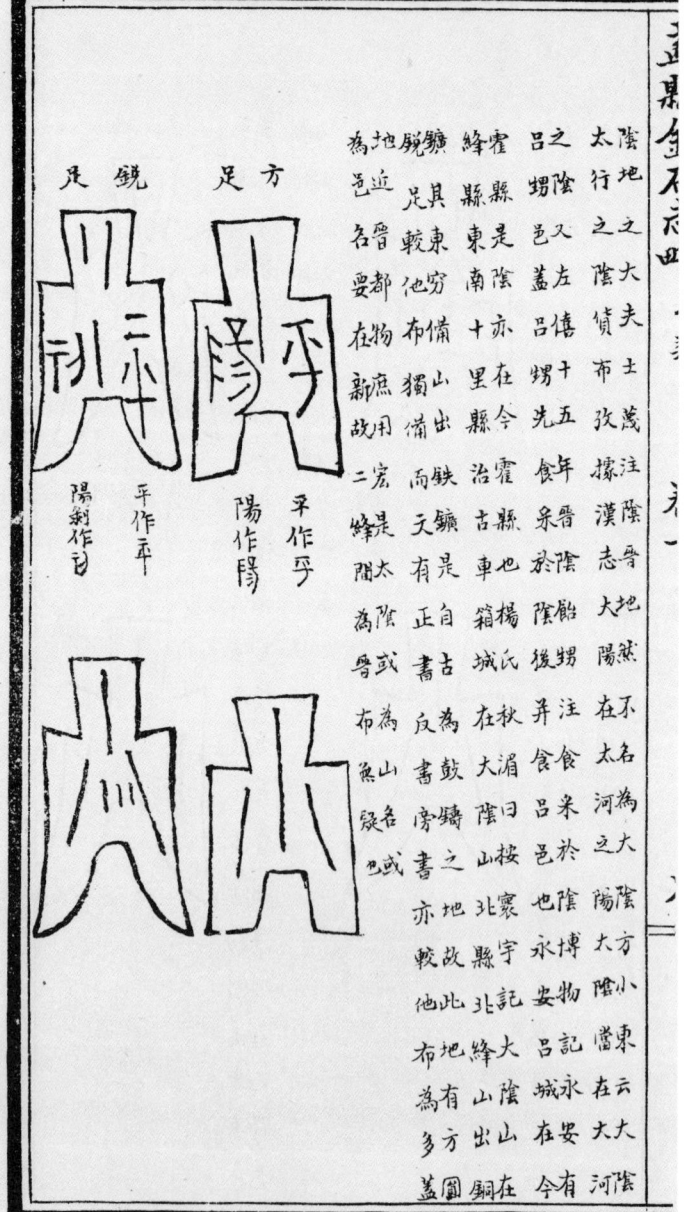

右平陽方足鋭足貨各一文二平列有右讀者平作平平平卒坙孚諸形陽作陽陽陽陽陽陽陽陽陽陽陽易陽諸形有左讀者陽作陊陔又有平平平斜斜斜三形此右讀作平陽史記秦本紀十三年桓齮攻趙平陽應郎曰在平河之陽堯所都也即今臨汾縣史記韓世家武子元孫貞子居平陽至哀侯二年始徙都鄭而上黨為其別都馮亭以十七城市歸趙始半屬趙而平陽亦為魏有又為秦有則未世事也金石索引朱近漪古金待問錄云凡有陽字者皆高陽氏幣以此為高陽氏幣非也

方足

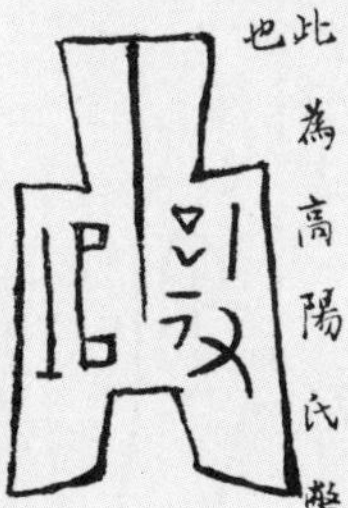

襄作㲋

垣作垍

方足

襄垣

右襄垣方足貨二文一數垣平列有襄篆作㲋敫垣作垍抯又有襄作𡘊有省作㞢者此布稍剝故垍作垍垍又作㞐

襄垣故城以趙襄子所築故名即今襄垣縣北一里之韓城也見地志

銳足

周篆剝落　平作乎　左行

銳足

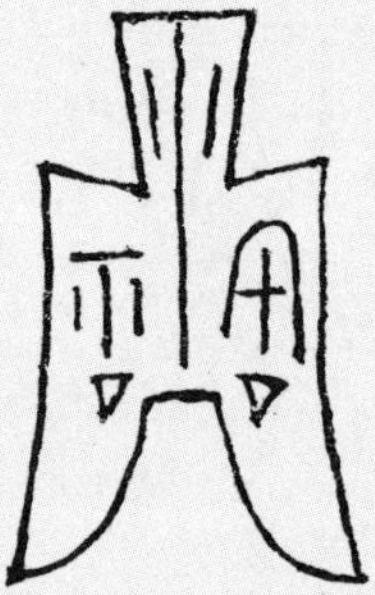

周冋　平平

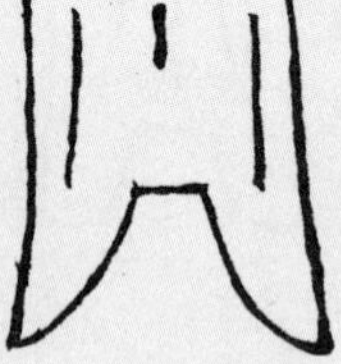

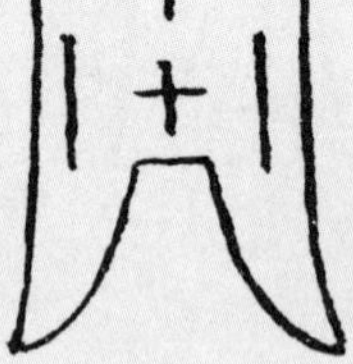

右平周銳足貨二致平周方足貨二字平列或旁書有左右無者平字中畫皆不穿周作周作周周周周周在左者文乇周背無文有平作乇周作周周周五體具銳足者有平作乎周作周及周之別此為銳足故平作乎史記魏襄王十三年秦敗我周曲沃平周盖魏地為秦所并也清道光中都市古布新出土者此品最多此布平列左行而周字剝甚以平字可證也

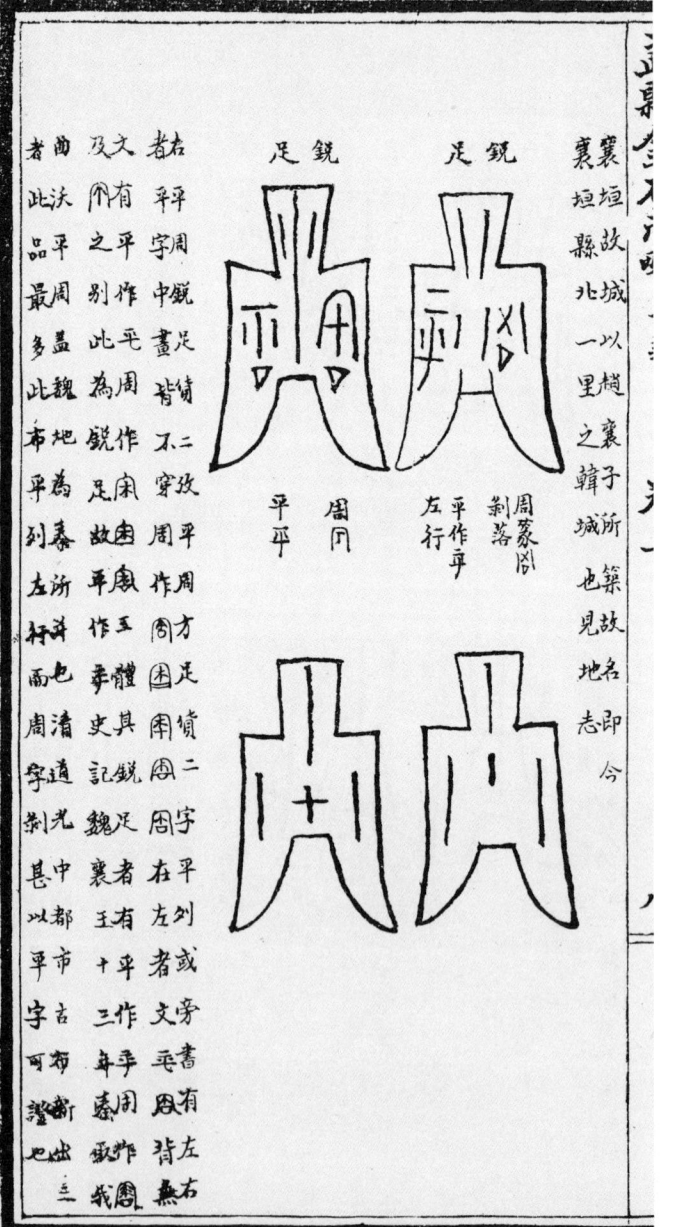

方足　方足　銳足　銳足

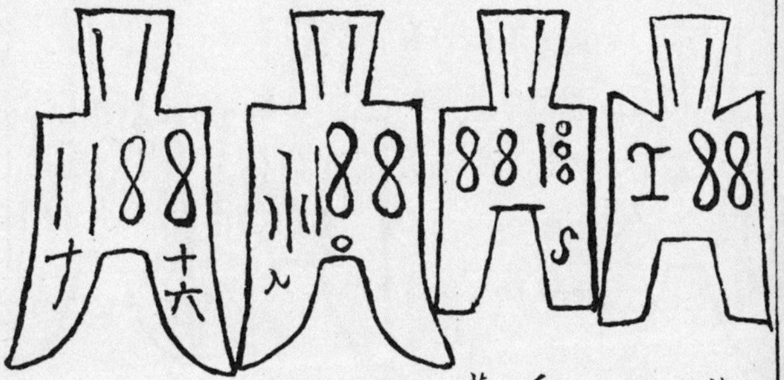

慈氏

慈氏

慈省作88
小亦作氏
人作貨

慈十六
干亦作氏

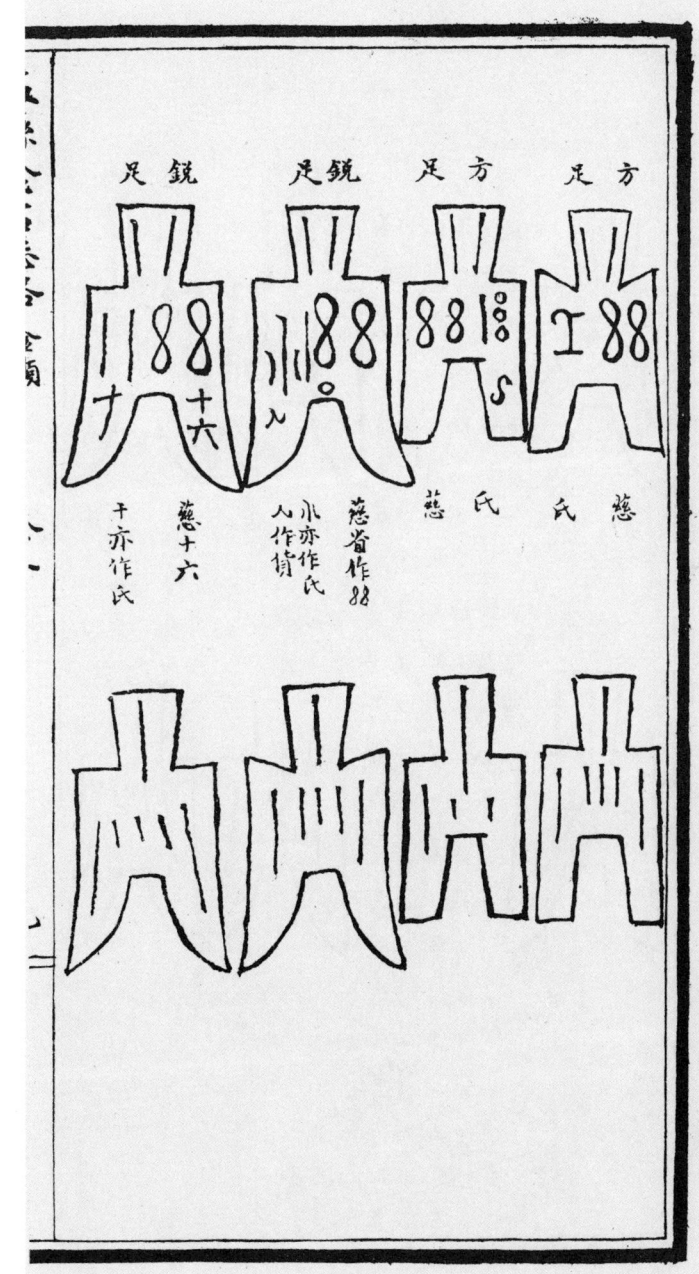

銳足

慈氏八化

銳足

慈氏

右慈氏方足貨二銳足貨四慈省作88氏蓦作工有作稷者有作88者有文一作88者有文二慈氏平列者有文四慈氏八化者有文三茲氏鈚者此為方足文二平列者二品此布銳足者多孜慈氏為太原邑慈亦作茲按布文十个士均氏字汾陽縣南十五里有茲氏城一名數子城史記夏侯嬰食邑茲氏是也

銳足

武平

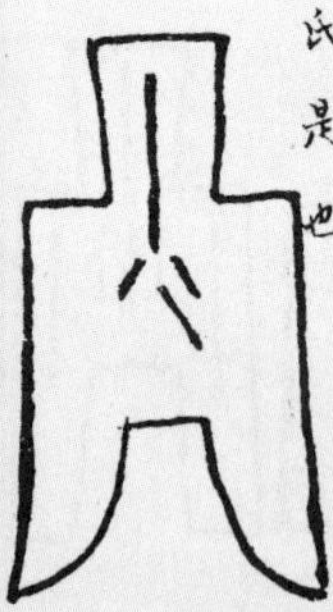

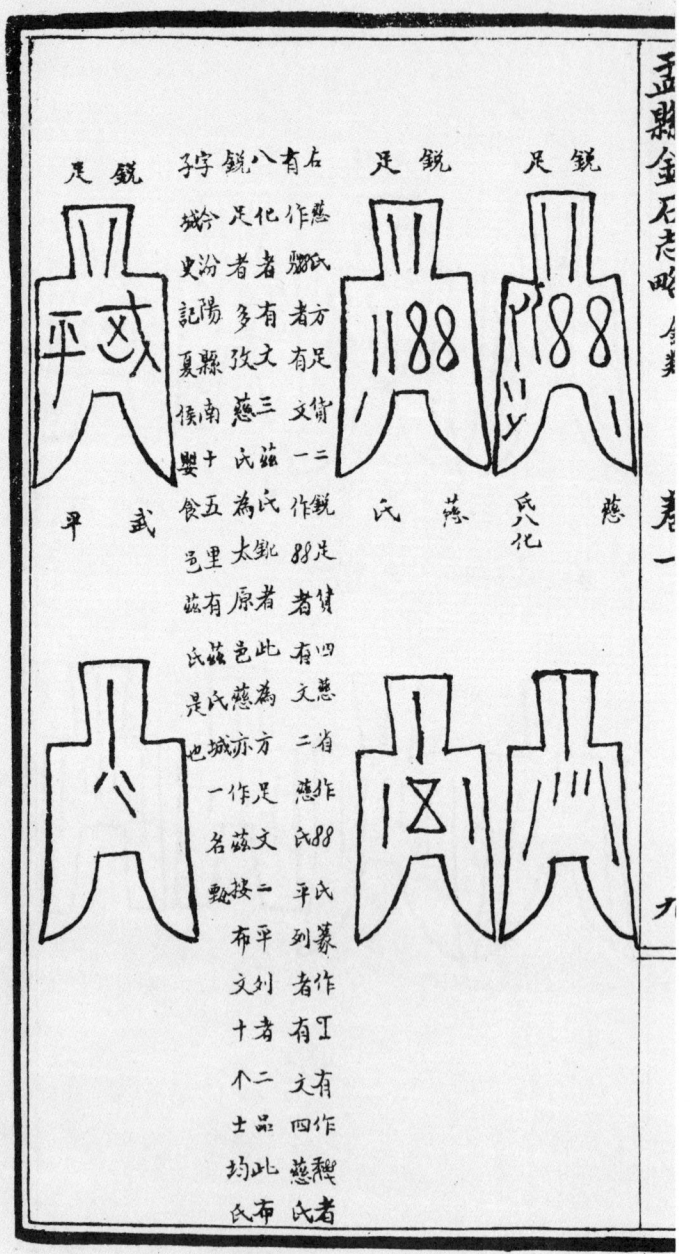

銳足

武　平

右武平銳足貨二文二平列一作武平背作八一作武平背作乂

按武平在今河南鹿邑縣西四十里漢為武平縣隋改為鹿邑

銳足

武　安

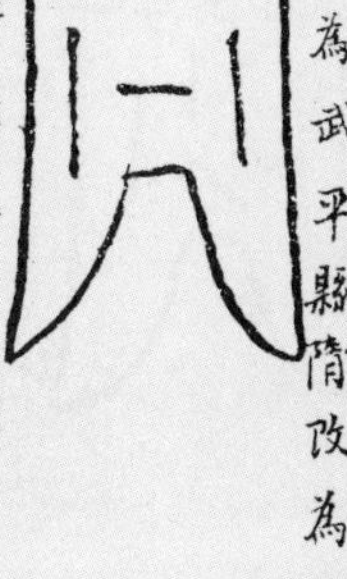

右武安銳足貨一文二武用平列背作一按

武安今河南武安縣秦封白起為武安君是也

方足

門中灰未識或以為關字

右關字方足布一金石索有方足者為閥圜足者為閱均未

識為何字何時今或以為關字係壺關所鑄之幣也然壺關

殷為黎國秦始置縣

其或然歟姑列備攷

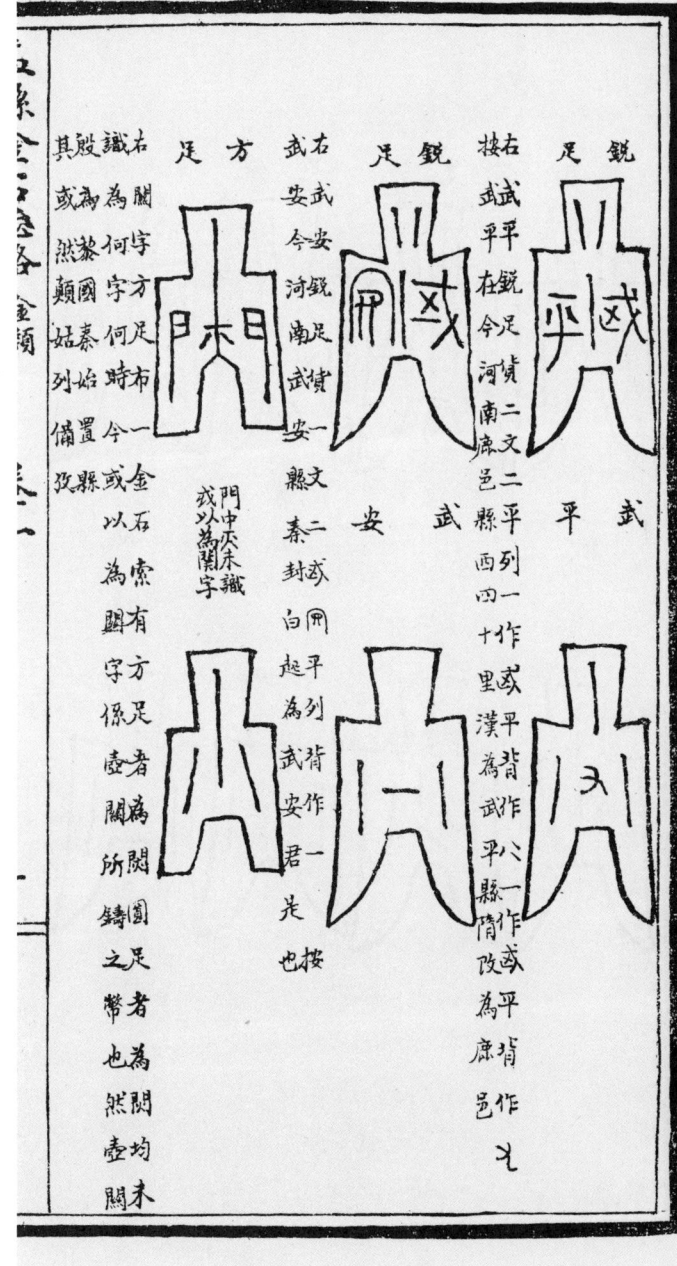

銳足

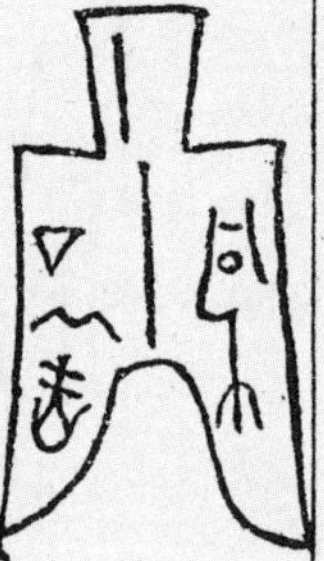

未識

銳足

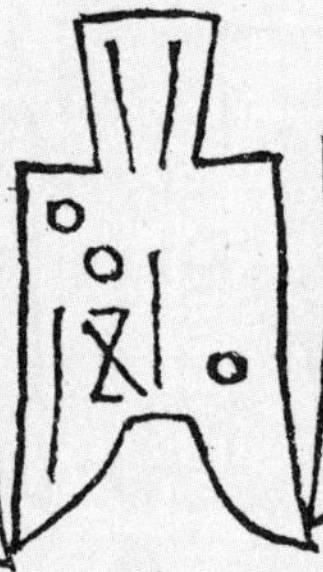

未識

銳足

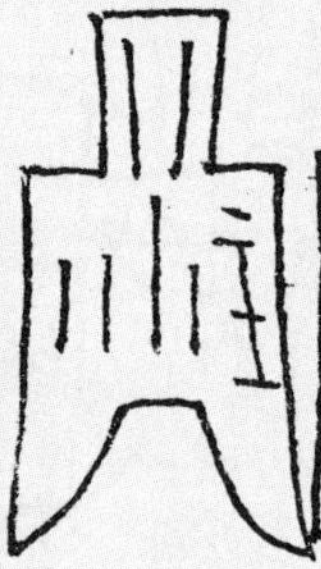

未識

銳足

未識

銳足

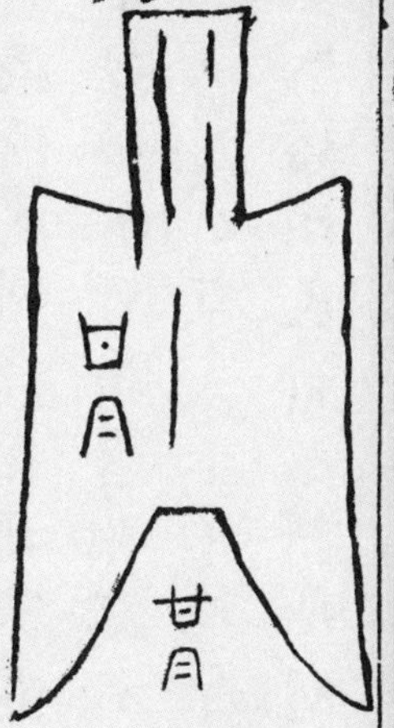

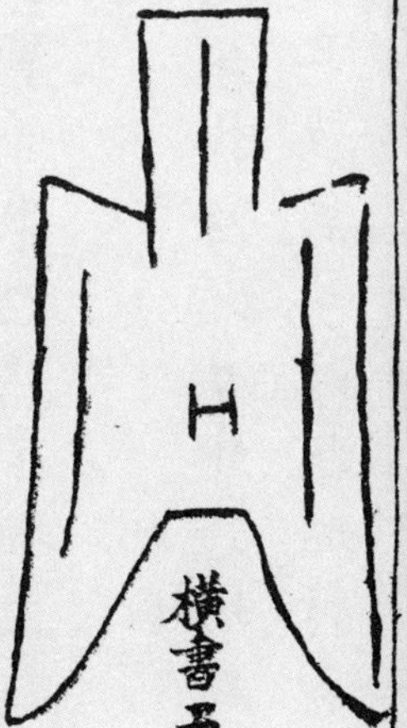

橫書丹字

右甘月銳足布一按甘說文甘本字古文丹亦作甘讖文丹作用邑越之赤石也象采丹井中一象丹書甘誓大戰於甘傳甘有扈郊左傳二十四年甘昭公注食邑於甘是甘為地名此作甘月似甘為邯字之省筆月為鄲字之假借趙邯鄲邑今邯鄲縣之布也

按上古范金為貨以通有無其長而環者為刀首而足者為布亦謂之幣圓而穿者為泉蓋刀取其利泉取其流布取其通也古用刀布後世多重行泉新莽反古亦行刀布而其文與形多有不同古布傳於世者有方足銳足圓足諸形其首足均長而

莽布則首足稍短其首皆穿圓孔莽布文多小篆如小布一百幺布二百幼布三百厚布四百差布五百中布六百壯布七百第布八百次布九百大布黄千及貨布之類古布文皆大篆其文多省筆或析列或倒列或假借或偏旁左右形體反正之不同如貨為化為匕金為全陽作吉平作乇之類其文則多取地名蓋春秋列國各自為貨以通有無又著其都邑之名以示區別猶清時制錢背鑄陝浙雲貴等字也然亦有文義不能辨識者姑併其可辨者附識於右

以上刀布大小悉照原形搨摸除錯刀外餘均為民國十九年椿樹底村人耕地刨出其數尚多此為趙竹叢所收藏者

古泉

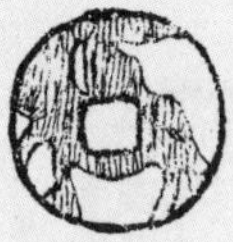

古馬錢上似黃字

背漫漶仍為馬孔下有二足

按金石索馬錢有八品有孔上下為飛黃二字有背孔左右為渠黃二字者面為趙將廉頗四字背孔下為馬者有面為魏騎驥足四字背為人騎馬之狀此兩面為馬而正面孔上為黃字殆亦取八駿之渠黃謂地用莫如馬之義耶

南朝劉宋廢帝鑄

小泉直一

背無文

按此錢為小錢一謂鵝眼再劣者謂之綖環文俱曰小泉直一有篆書真書二種此為篆者

北齊文宣帝常平錢

常平通寶背

武二

北齊文宣帝

常平五銖

背無文

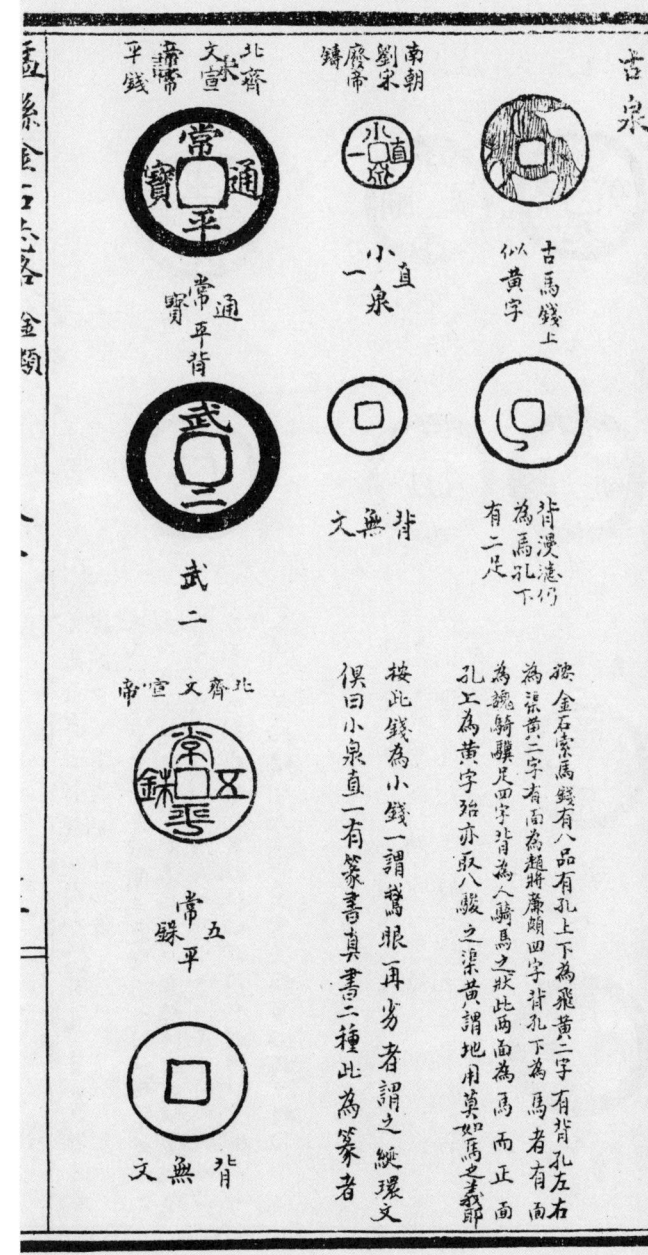

唐玄宗

正

開元通寶

背

宋太祖

宋元通寶

宋真宗

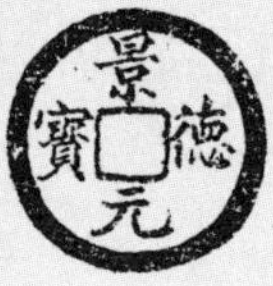

景德元寶

宋仁宗

景祐元寶

宋神宗

熙寧元寶

元豐通寶

唐高祖廢五銖錢鑄開元通寶其背有仰月者其元字又有左挑作元者

又武宗會昌五年亦鑄開元通寶面文相似而背文二十三品有上列昌(年號)京(京兆)洛(洛陽)益(西川)襄(襄州)江(江西)兗(兗州)鎮(鎮江)鄂(湖廣)平(燕山)興(鳳翔)梓(東川)福(浙東)丹(河北)揚(揚州)十五品下列越(越州)一品左列藍(藍田)荊(江陵)梁(汴梁)廣(廣東)桂(廣西)五品右列潭(湖南)宣(宣州)二品

又閩王審知鑄開元通寶大錢其粗重俗謂銑殼

宋太祖沿周世宗之周元通寶錢鑄宋元通寶猶唐高祖之鑄開元通寶其背亦有仰月者

宋神宗

熙寧元寶

宋神宗

元豐通寶

宋神宗

元豐通寶

神宗熙寧有真篆二種元豐錢有真行草篆隸諸體此其真與行篆也

宋哲宗

元祐通寶

宋哲宗

紹聖元寶

宋哲宗

元符通寶

宋徽宗

聖宋元寶

仁宗景祐四年後改為寶元以文不可重故改為皇宋通寶其宋字皆在下有篆書有正書

徽宗崇寧二年改小平錢鑄當五大錢以聖宋元寶為文此徽宗聖宋錢也

宋徽宗

崇寧通寶

崇寧重寶

崇寧重寶

崇寧三年鑄當十大錢有真篆二體據此則有真隸篆三種也

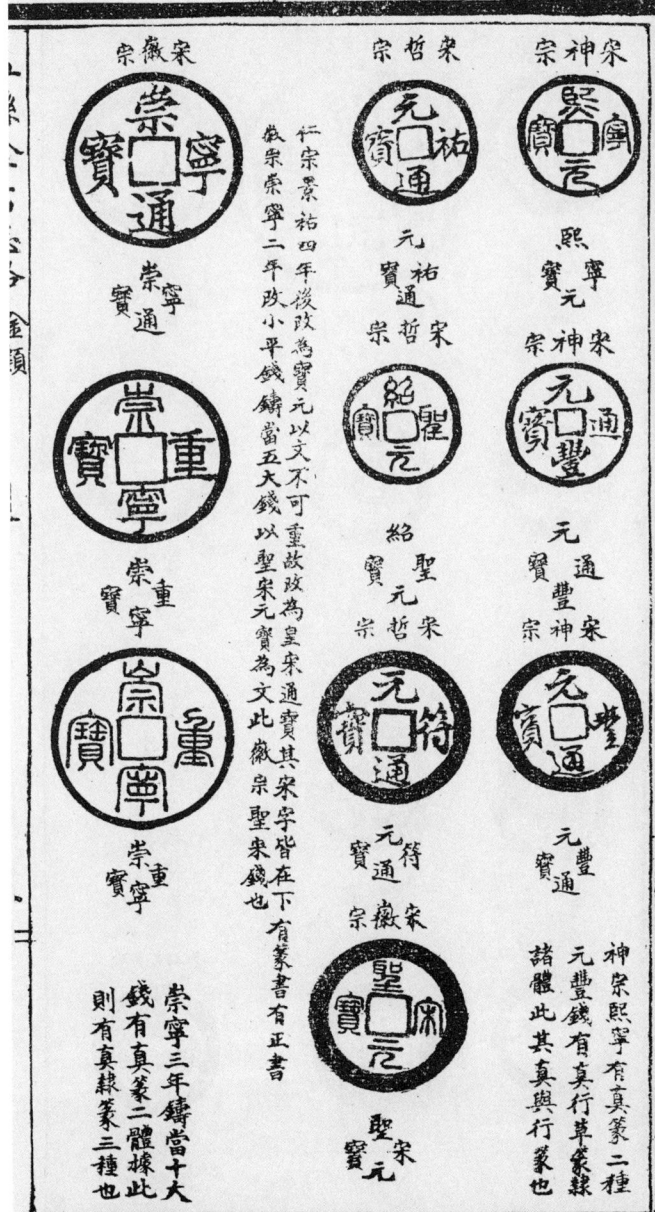

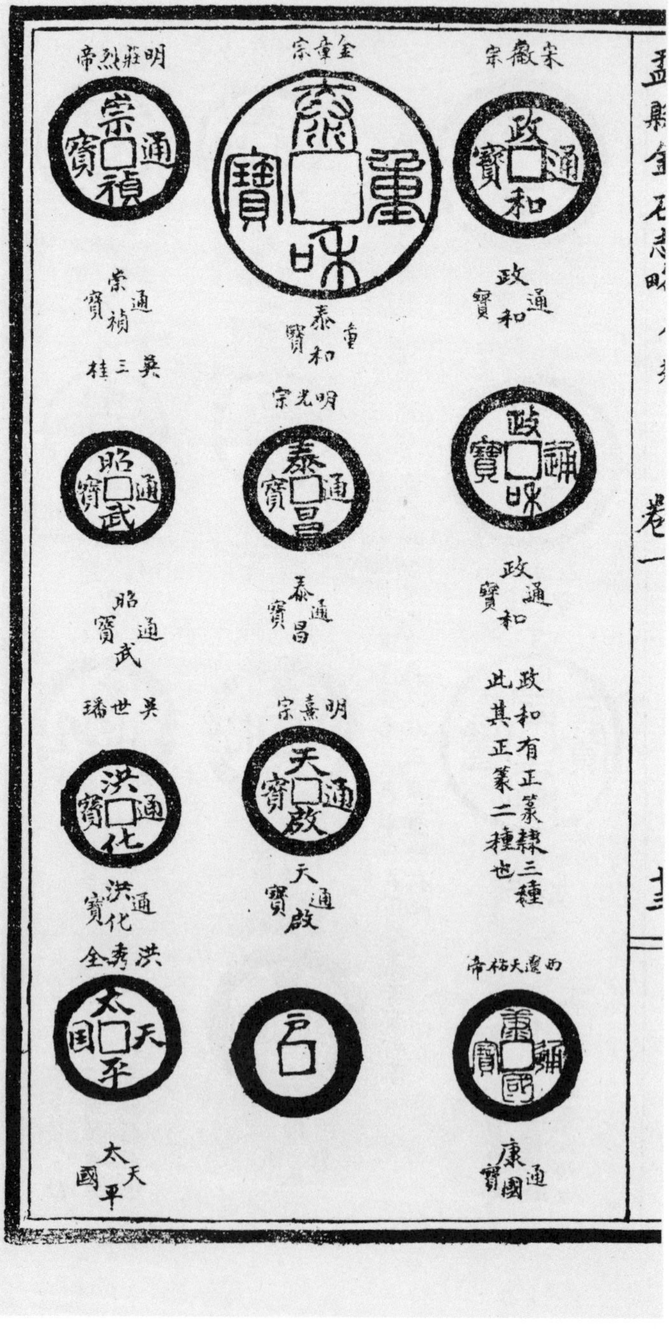
宋徽宗
政和通寶
政和通寶
政和有正篆隸三種此其正篆二種也
西遼天祐帝
康國通寶
金章宗
泰和重寶
明光宗
泰昌通寶
明熹宗
天啟通寶
明莊烈帝
崇禎通寶
吳三桂
昭武通寶
吳世璠
洪化通寶
洪秀全
太平天國

清世祖

順治通寶

清聖祖

康熙通寶

清世祖

順治通寶

清高宗

乾隆通寶

以上清代制錢背皆鑄滿文順治康熙錢背面間鑄户及江廣浙陝原等各省地名一字如唐武宗鑄開元錢之例背鑄京洛兖鄂等地名也雍正以後輪廓較小咸豐時間鑄鐵錢同治光緒宣統質較為劣民國七八年後收銷制錢改鑄銅元存者亦罕矣古今幣制沿革皆為政治所關故特列之

鐘磬

周智伯鐘

春秋晉智伯欲伐厹繇而無道乃鑄大鐘方車二軌以遺之厹繇君斬山堙谷以通鐘赤章蔓枝諫之不聽去齊而厹繇亡舊志稱鐘在今鐘正街太湖石下然民國十四年因城防掘井於太湖石側卒未之見亦年久弗可攷也

唐隆福院鐘款識

隆福院主　僧

中缺

貞觀元年十二月　日

右鐘高一尺八寸徑寬一尺六寸半上八方下八齒上下徑相等如瓜形原在東關北城觀蔡後移高岑山頂趙劉

按鐘鑄隆福院今不可攷據金文莊和尚石塔言僧宗源於隆福院當在城左近金時猶存也民國十五年以山頂風雨剝蝕又移存山麓仇猶君廟内

宋三聖寺鐘款識

上八方均助緣人名

下一方鐘銘　演大國覺　擊大法鐘　聽者聞者　暢其本宗　觀者好智　凡聖悉同　無我無常　寂滅苦空　於戲萬年　無功之功

二方縣職官銜名　三四五六七等方均助緣人名

八方宣和六年歲次甲辰十一月二十日鑄

右鐘高五尺八寸徑寬六尺二寸紐四寸半齒八高九寸共四層各八方第四層鑄皇帝萬歲重臣千秋八大字今在城內本寺

金清涼院鐘款識

鐘約高四尺餘徑寬約三尺上羅紐下八齒中分兩節各八方文與年號均漫漶不清以金大定三年修清涼教院記觀之當亦大定年鑄也今在慈氏山

又西北鄉潘村文殊寺明隆慶年碑云有金大定閒尹吉鑄鐘而鐘則久佚矣

明清心寺鐵鐘

皇圖永固　帝道遐昌　佛日增輝　法輪常轉　又頌曰

殿閣星辰鳴左右　樓台日月照西東　天堂路上傳聲遠

地獄門前報化風　莫道鑄鐘緣事小　阿誰不在夢魂中

正德九年造　文漫漶未錄餘均為人名

右鐘高約五尺餘下徑寬約三尺餘上下分三節各八方今在方山村橡寺

明香山廟鐘款識

前七行文剝落不全只古跡香山乃大悲菩薩修行之故基

父建歇馬行宮等語可識後鑄鐵一万金□造名鐘一顆

萬曆九年十一月二十六日　後列知縣教諭典史等銜名

右鐘高七尺下徑寬七尺分三節上節十二方首列皇帝萬歲萬萬歲牌式次文與年月餘均助緣人次節十二方均花樣下節十二方均人名齒十二鑄八卦與日月二字今在蔣村香山聖母廟前

明三聖寺鐵磬欵識

磬爲萬曆三年四月盂縣慶豐二都石隮路晋府三教堂造

書善人胡朝吉等名無文詞餘三面均鑄助緣人名

右磬高一尺九寸口徑二尺共六面四面鑄字餘鑄花紋今在城内三聖寺

鑄像

北魏張元祖妻造像

太和二十一年步舉郎張元祖不幸喪亡二弗爲造像一區

願令亡夫直生佛國

右銅佛立像高四寸座四足高二寸背後炎光高約二寸寬約三寸文攜於背今藏城武村栗姓家

明清泉寺菩薩銅像

三聖寺銅佛像

正德九年權守信等造高約三尺餘騎獸寬約二尺餘字鑄背後正書今在合村清泉寺

坐像連座高約三尺餘寬約尺餘無年號原在三聖寺今存縣圖書館

進圭社鐵羅漢像

右像十八均坐像約各高二尺餘背鑄明正德間造今仍存進圭社南玉帝廟中

熈樓

明清心寺鐵爐

嘉靖二十七年七月爐記寺於宋光宗紹熙間即金天會間為吳氏佛堂明天順間重健榆次崑山逸子王天擧書

右爐連座四層高約一丈二三尺寬二尺餘今在方山水寺

明建藏山醮樓記

文記嘉靖庚戌天旱禱雨靈應乃鑄鐵香台醮樓以奉香火垂不朽　嘉靖二十九年仲秋望日知縣萬鑑記賈煥書後鑄縣令丞簿尉學官等銜名

右樓三節高一尺二寸寬一尺四寸四面各鑄字行不等今在藏山文子祠

清永平寺鐵醮台

台鑄　八稜碑上兩節松　掩映蓮台鎖翠重　伏夜靜清聽佛德　月華初到第三峯　大清道光八年姑洗

右台高約尺餘四面各寬約六寸座高約六寸上有鐵醮盆寺有唐景龍年及宋治平年兩經幢皆八面兩松盤峙故云今在東梁村清寧寺

明教寺銅鼎鉉

鉉前坐佛像一立像二

右鉉高八寸底徑寬五寸三分上徑寬四寸半周圍楷捋作山形中均玲瓏前面三奉鼎立懸崖形佛坐雲頭下空如帽周圍有檐鄉人號為佛帽原由土中剖出今存縣圖書館

古瓶

興道村品級瓶

銅質高約二尺七八寸上下花紋分七節如雲如龍質古色白光可照人

按金質入土過水銀浸久則色白此殆水銀浸者民國四年出於興道村孫家園傳為元達魯花赤塔海之墓塔海後加姓孫氏當其時殉葬之物惜未見文字聞瓶內有字有戟一

支傳為周器骨商出洋九十餘元轉售洋商四千餘元僅存
照片於縣圖書館劉子和所藏也

藏山文子廟香瓶

生若不犯王法
盂縣主簿魯國卿造
死即不遭地獄
萬曆四十六年□月造

鐵瓶高約二尺六面各寬約二寸
四面均鑄花樣今在藏山文子祠

戈劍

秦廿四年戈

銅戈直援橫胡下內
係花紋均如其形盂
有出售者因搨列

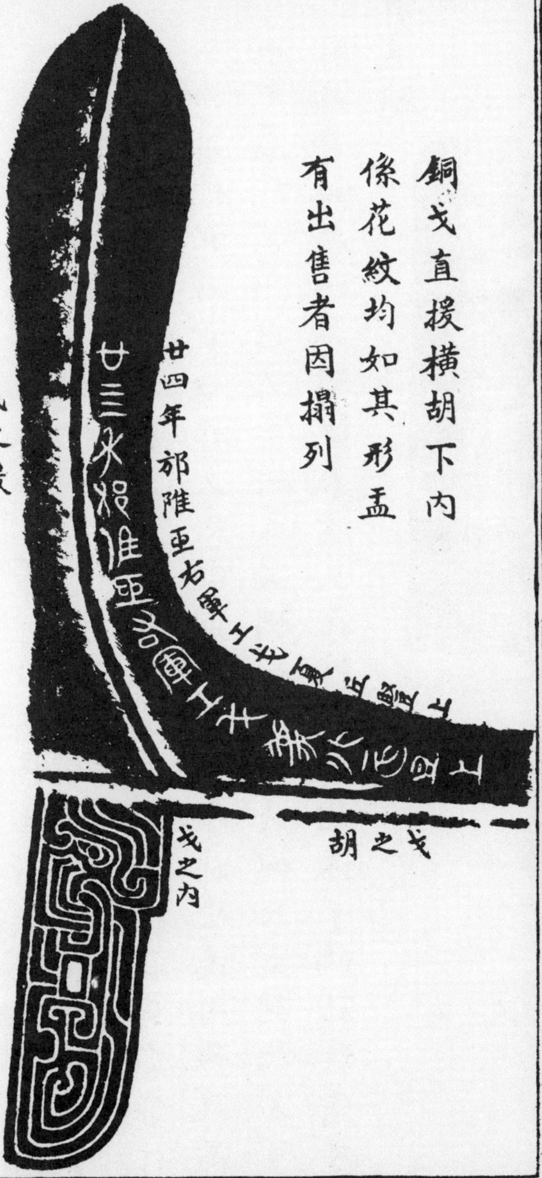

按金石索秦廿三年戈為廿四年邟陮○萬命右軍工戈夏丘豎文在內上以秦權称廿六年可証為秦此亦篆廿三夂炽陮及合軍工戈篆火豆等字惟陮字下為亞豆字下有丄稍不同耳玫說文邛邡廣漢縣名高祖封雍齒為邛邡侯在蜀亦作什今四川什邡縣是也邡又與訪同昭廿五年邡公是也陮隗高也玉篇謂不平也又篆與戈文例似薆字火似北文詞均不可解或蜀地之物歟然觀篆法及花紋較嫩恐涉于譌姑列備考

齊良劍

右銅劍才尺長一尺一寸鋒徑四分首徑寸二分格寬寸三分柄長二寸半奥莖套二鐶後缺鐔劍首篆齊良之造劍五字字徑三四分不等邑人劉子和得於汴梁

按說文金部無鐱字刀部劒人所帶兵也玉篇有鐱字云渠驗切訓金而不言何器此作鐱亦籀文之别體與劒通方濬益綴遺齋彝器考釋有齊良鐱只亝造鐱三字謂齊良壺蓋皆晚周文字此多之造二字或均為一人所作亦未可定又亝古齊字齊良似造劍人名然齊良名無攷古文齋通作齊郎亦省作良唐書齋郎八百六十二人韓愈文齋郎奉宗廟社稷之事此或唐齋郎所造之劍與姑列備考

靈嵩寺寶劍

劍身两面刻騰雲寶劍從空起吾神□用雲補四海又天王勅
封四海及諸神旱降雨等詞文俚難解無鑄造年號蓋寺僧作
法祈雨之劍也

右劍連柄長二尺六寸三分寬二寸每面文刻嵩行字
徑約二分磨滅不清塗硃尚顯今在東郭湫靈雨寺

古銅矟

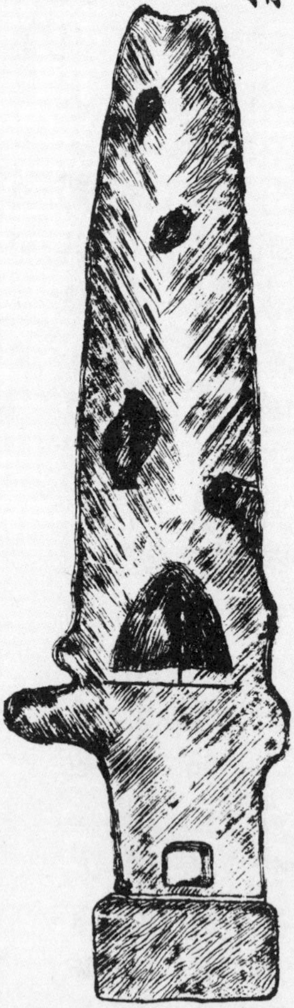

右銅矟鋭刃原寬一寸五分横長處約二寸餘接柄處寬一
寸三分中有孔一直長七寸三分清同治中得於祈劍坪劉

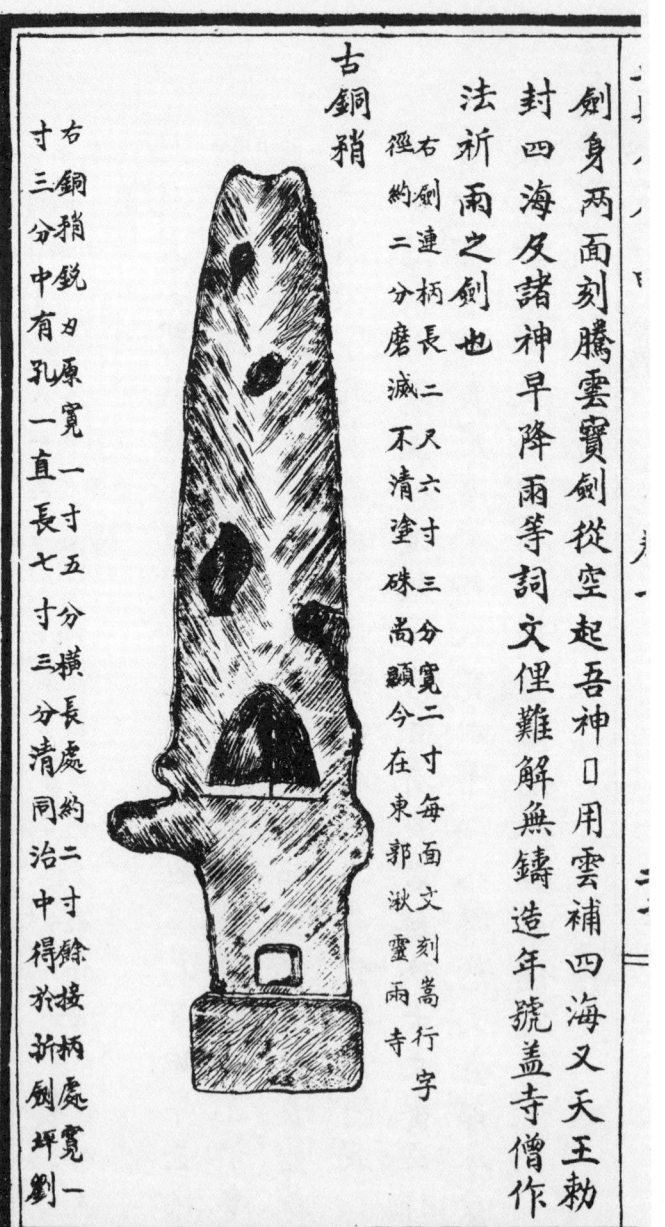

子和所藏

按戈有胡戳四刃此與矛相彷而刃稍寬下有橫刃而鈌其一中有凸處兩面均似有文字而綉蝕不顯蓋即矟也

箭鏃

長寬如上式民國十七年得之城南土中無文字劉子和所藏

按箭鏃有字者甚少金石索載古箭鏃一雙尖有八千二字一單尖稍圓脊有貳字謂右軍之箭鏃又一圓寬如鑵脊刻一同字此為三楞銳尖形無字似較後出

又縣東北蘇河驛左有箭壑子亦時刨有大箭鏃蓋白馬關之所在也

古鑑

昭心鏡

銘詞

而日而月而曰內而清而心而昭而明而光

圓徑長二寸七分外廓寬四分文圖寬三分圖寬徑一寸二分內分八瓣只一面顯有三字中鼻有孔民國十六七年山北村八王元小在越霄山後地中拋出二枚其一已碎不成文

按金石索照心鏡文云而日而月而內而金而清而明而照而心馮氏謂此種偽造者甚多皆不能成句此與相仿而文稍異但均無年號可考質為白銅朽脆如鉄現已跌為三塊矣

北齊宮鏡

外層銘詞

妙姣光兂耀美
扶佳都兂永閒
悅驪察兂恚予
爰存神兂不昭
得病製兂不應
精照折兂分侍
君手止

內層銘詞

內清質以照陽
光輝象夫日月
心忽瑒顛忡然
離太京

右銅鏡面徑才尺寬四寸五分背外銘周四十四分內銘周二寸五分中心周一寸一分鼻高二分外廓高一分寬二分半仙人村高交天藏

按山西金石記光緒壬午絳州人於馬首山東麓得銅鏡篆書陽文間以隸體與此文同鄉寧楊秋湄藏之釋如前文其銘詞忡作忠與質作斫陽作昒恚作佳同瞎作聖字亦同聽太京即太原禮趙文子觀於九京作九原是也太原地為高齊别宮所在疑即其時所作也豈後主幸晉州宮嬪從者偶以殉身與常子襄云民國九年精營會場亦見一具為田姓所得詢為平介間出土蓋北齊嬪妃之物散在各處國亡後傷心守志者各懷其一以為殉身也觀其銘詞亦見其多傷心語此亦其物也

金類補正

按前列莒刀據通考有齊人莒人謂之刀之語故云莒刀其◎字一謂籒文明字漢志平明屬北平郡列國屬燕史記秦昭襄廿五年拔趙二城與韓王會新城與魏王會新明邑蓋謂新拔趙之明邑也然細玩刀文非秦時所鑄此刀近多出於北平之燕市及河間易縣等處是當為燕平明邑之刀

又古布閄字與黃同左文十七年晉侯蒐於黃父杜注一名黑壤晉地近日山西頗有出土者當為晉布讀作関前云關字謂今壺關亦晉地姑并列以資識者

又常平錢有篆書常平五銖為北齊文宣帝所鑄正書常平通寶錢則背有戶二江二海二平二宣二等字數十種此背書武

二兩字與常平五銖大小新舊均不同當鑄在文宣帝之後或云鄭成功據台灣時所鑄或云為高麗錢以高麗人入中國貿易多用此錢也是云高麗錢者近是前列為北齊則尚未詳茲特為補正之

又元末徐壽輝亦號天啟鑄有天啟通寶錢明劉中愚酌中志曰司鑰庫集有歷代古錢熹宗一日於御前得天啟大小數枚徧問無知者大於明熹宗天啟錢然較熹宗天啟錢背鑄十一兩及十字者又小此列天啟錢背有户二等字是為明熹宗錢無疑

石類

造像

造像起於漢明帝圖佛立像元魏太祖詔建餙容範太宗令設立圖像蓋皆範金埴泥之類至世祖信道抑佛焚佛像禁造泥人銅人高宗踐阼詔建石像而造石像遂興鑿石窟鐫佛像而摩崖造像乃始自此邑義道俗鐫碑摩崖盛行一世雖周武詔毀一切而隋高又令重興唐葉猶盛宋元始微迷信之詞實有忠孝之旨未可厚非也

北魏楊子史等造像二尊 正光四年□月 楊子史等造(一)高二尺二寸餘寬一尺四寸(一)高一尺九寸寬一尺四寸 正書

北魏武若如等造像三尊 孝昌二年八月　武若如合門五十八人造(一)高二尺七寸寬一尺二寸(二)高二尺半寬一尺二寸(三)高二尺半寬一尺一寸正書

右造像均為明帝時物砂石工粗傳在充吉村寺原上河水冲出存於常家濟今均存縣圖書館

龍居寺造像三尊 無年月八名　均立像約高二尺後有炎光下有座原在温池村龍居寺今存縣圖書館

右造像石工均精細惟一缺座後經補立其造法當在魏代惜駐軍時已失其最精緻者一尊

東魏豐樂寺造像殘座 興和四年三月　邑儀四十四人造彌勒像　座高二寸五寬七寸前面字七行左右各殘數字正書

右石為孝靜時物在興道村程子岩岩原為豐樂寺後為宋

二程子舅氏侯可讀書處，二程省親曾講道於此，故名。今移存縣圖書館。

北齊玉像寺造像　武平五年九月　維那張和弓威等一百八十人造　像高二尺半，寬一尺半，石白如玉。今在西南舁村玉像寺。

元大王廟石佛像　至治元年八月二十日重建　無人名　石高九寸，寬八寸半　中坐像一，左右各立像一。原在前元吉大王廟，今存縣圖書館。

以上造像六

東魏豐樂寺員光門徒等造像碑　興和三年十一月　豐樂寺比丘員光門徒等造　碑高四尺七寸，寬二尺五寸，造佛千尊　正書　石質極好　今在興道村程子岩

東魏興化寺高嶺諸村造像碑　武定七年四月　定襄縣高嶺以東諸村邑義道俗等造　碑高四

尺寬一尺九寸　正書　原在興道興化寺今存縣圖書館

東魏靈岳寺楊顯祖等造像碑　武定七年十一月　定襄縣樣株嶺西道俗四十餘人造碑高四尺一寸寬二尺一寸　正書　原在柴莊靈岳寺今存縣圖書館

右二碑均爲孝靜帝改元後造碑均書定襄縣足徵興道以北原爲定襄縣地

北齊邢多五十人等造像碑　天保二年七月定襄縣邑義等造碑高四尺三寸寬二尺一寸　正書　原在興道村興化寺今存縣圖書館

北齊小護村造像碑　天保六年三月　小護村一百餘人造河北都將馮其憲撰書　碑高四尺七寸寬二尺一寸像一百尊　正書　今在小湖村泰山廟

北齊晉城村邑義等造像碑　河清二年七月　假新興太守邢珍等造　碑高四尺半寬一尺九寸

正書　元至正五年復立今在宋莊村龍王廟

北齊興化寺造像碑　河清四年　碑剝泐不成文詞　碑高四尺九寸寬二尺二寸　正書　今在興道村興化寺

北齊鎮池寺造像記　天統三年四月　李磨侯造釋迦像一會　石高一尺四寸寬一尺一寸　正書　像已殘缺　今在長池南村本寺

北齊劉金龍等造像碑　武平元年　像主劉金龍等造　碑高二尺六寸寬一尺六寸剝泐不清　正書　原在凌井鎮廣覺寺今存縣圖書館

北齊大覺等造像碑　武平三年四月　興益等三十一人造　碑高五尺九寸寬二尺六寸　正書字剝不清　像一千尊　今在城武村大覺寺

右石七北齊文宣帝時二成帝時二後主緯時三而北周時

碑則末之見足徵其歸時無久也

後元吉千佛碑無年號像尚全今在後元吉村觀音堂

烏沙村千佛碑無年號碑殘缺今在烏沙村千佛寺

右二碑無年號文字以造像情形當在魏齊時

隋高平寺塔像記開皇十二年二月邑義道俗等三十六人造碑高四尺寬二尺半上首造像餘均為文正書方整原在洪塘村高平寺今存縣圖書館

右碑為隋文帝時造後書并州石艾縣□□鄉足徵北魏孝莊帝建義元年併盂入石艾即今平定而開皇十六年分石艾置原仇縣大業三年始改原仇為盂縣也

以上造像碑十三

北齊董小胡等造像塔皇建二年九月浮圖主董小胡等造塔三級四面共高四尺餘像字均多漫漶原在中社村府君廟今存縣圖書館

千佛坪造像塔無年月人名　四面三級約高四尺餘　原在興道村千佛寺東坪上今存縣圖書館

千佛寺造像塔無年月人名六面三級約高五尺今仍在興道村千佛寺

右三塔所謂佛圖也亦謂浮屠北齊貽帝時一餘二無年號以造法審之當亦在魏齊時

以上造像塔三

北魏千佛寺摩崖造像永熙元年四月　王□麥造一區　又同年月清信女□法姜造一區　永熙二年七月張好郎造一區興和三年六月　邢生造一區

右崖高約丈餘左面造二十一層右面造像二十二層層各

多少不等共計大小像一千一百餘永熙年三區為魏文帝時造興和年一區為東魏孝静時造明清碑記均以永熙訛為兆熙臆為五代僭乱時惟考永熙元年係中興二年四月改為太昌元年其十二月復改為永熙是永熙元年即無四月而石刻四月蓋道遠弗知也是愚公以五言刊崖辯云佛像造摩崖山似屏分侍左右各廿行行各廿餘次計数已愈千况猶未全備考年永熙元興和三又置施北山之陲復有開元記當年寺亦宏魏唐皆崇事惜久厝風霜石残字難識有碑疑其年永熙誤兆字不知月可疑改元在十二當是洛途遥頒知月已四鄉人不計年遂以四月誌

北魏王平等摩崖造像永熙二年五月比丘曇□造一區永熙三年五月閆禰造一區上下二龕共高三尺寬一尺九寸在下莊石佛灣

右造像在興村以北亦書定襄肆州等名

千佛池摩崖造像 年月缺只顯比丘願宜造觀音像一區等字崖造像四區第一區上下共廿三列餘則一二座不等以造像審之與千佛寺造像相仿故列為魏在百泉滴六師地

神泉寺摩崖造像 上佛龕下文與年號均磨滅不清惟佛弟子李恒迦書與後列邑主等名尚可辨以書法審之當為魏齊時今在神泉村北崖上

後峪滴姑姑崖造像 年月缺下崖刻觀音坐像一龕上崖刻佛像一區共七行各五層右崖又刻小像二下有巨石刻廣禪侯之廟五字似魏齊時書法在盂北村西北十里滴內崖上

北齊寧龍摩崖造像 天統四年二月寗龍為父母造一區龕高約一尺半寬約一尺中坐像一左右立像各一在諸靈山滴北

右造像為後主緯時造

隋權決洛摩崖造像大業三年三月權決洛弟兄合家大小等造石高七寸寬一尺七寸在窰溝村西兩嶺山東

右造像爲煬帝時造兩嶺山西又一區爲大業□年八月張參軍造則在陽曲縣界矣

唐邢天護等摩崖造像咸亨五年八月義豐村邢天護造一區上元元年九月合邑二十一人等造一區上元元年□月太原縣人郝玄太造一區上元三年十一月孟縣義豐村張妙娘等造一區儀鳳二年九月劉思顧妻一區儀鳳二年十月楊寶等造一區又儀鳳年張盖等造一區又無年號造像二區又八尊在上文村石佛山

右崖極高居烏河下游上元三年一區書孟縣等字足徵貞觀元年已併烏河縣入孟也

唐左天保等摩崖造像　儀鳳二年二月　左天保何恒德等造一區　高九寸寬六寸左龕一右龕二　在窰溝村西兩嶺山東界

唐邢懷智等摩崖造像　開元十三年六月　邢懷智造一鋪又□□維妻造一鋪開元十六年□□□妻邢造一鋪又造觀音像二一為范維妻邢造皆開元時也　在興道村千佛寺北崖

宋仙人村摩崖造像　皇祐五年六月　合村男女等造一尊刻像石高一尺五寸寬九寸　在越霄山半

宋李千村摩崖造像　皇祐年間　像高未詳

宋關頭石佛嶂摩崖造像　嘉祐四年四月與六年五月皆僧文悦等造共八層每層七八至十三尊不等　正書　在十八盤関北崖

宋上章召張用妻等摩崖造像　元祐六年九月　韓庄村稅戶張用妻同張德等在章召村西韓緒地內造釋迦像一所共四龕　文正書　在上章召村西石佛廟

右四座為宋仁宗及哲宗時所造斯時造像風已微也

小獨頭摩崖造像　小龕坐佛一立佛二無年號文字在村口南崖

韓莊摩崖造像　小龕坐佛一無年號人名在村北口西崖

玉掌滴摩崖造像　小龕坐佛一口無年號人名在興道村東

黑石灣摩崖造像　小龕坐佛一無年號人名在宋莊西

石佛村摩崖造像　年號已泐只小平村重佛等字尚可識佛一龕在石佛村南崖

許家村摩崖造像　無年月人名只有深龕三下崩一石三面鐫有像在許家滴口北崖舊志謂每落一石凹即顯一佛像未免涉奇是愚公以五言辯云路經石佛村看見石佛像一龕鐫半山並非天生長磨滅不知年小坪人供養又聞諸靈山亦與此相仿許家滴北岩高處有三兩眉目不可分只可遥瞻仰下崩石一方三面像堪賞傳言山自生未免太奇想所異是石峯片片如合掌也似霞峯山蓮辦毫不爽天造此蓮臺留為佛坐亭從知盂古時崇佛人亦廣佛寺

與佛碑造像崖高丈我今綴數言莫再信欺罔

以上摩崖造像二十

以上造像共四十二

幢塔

幢由浮圖而來亦因浮圖而變有刻佛者有刻經者有佛經並刻者大抵唐以前多刻佛而唐以後多刻經蓋自佛陀波利取陀羅尼經後而幢遂多刻陀羅經而如魏齊時之佛圖則已鮮宋元以後又多刻為銘記甚只鏤刻符呪已變本矣

唐高平寺經幢 維唐□□□□□□丁未首刻為圖造尊勝陀羅尼經九大字次刻佛陀波利取經序次刻陀羅尼經高三尺八面各寬六寸正書今在洪唐村本寺

右幢剎甚以唐與丁未推之當係景龍元年

唐清寧寺經幢景龍三年三月刻佛頂尊勝陀羅尼經并序尾刻陽曲縣永昌鄉梁村合邑人等又騎都尉□都書田智儼書高二尺八寸八面各寛八寸正書今在東梁村清寧寺

右幢字尚可辨惟考盂西原與陽曲縣相分合唐武德三年分設烏河縣貞觀元年併盂而此與景龍三年仍書陽曲縣梁村則未併盂可知是西煙以南似非烏河縣而烏河縣原由定襄縣撫城改設以西煙以北有撫城口及沿興道村以北均為定襄縣地徵之是烏河縣當在西煙以北也略書備考

宋熈醮盆石柱記皇祐六年甲午□月　邑長劉信等捨己財建造醮一所高約一尺三四共八面四面各寛約八寸

四角各寬約五寸 正書
今在盂北村天齊廟

右石柱皇祐六年當是仁宗皇祐六年以甲午証之相符三月改為至和當係正二月也此柱已非刻經矣

宋郭甫等經幢

治平三年三月首三面刻為國敬造佛頂尊勝陀羅尼幢十二大字分書餘五面前書景德三年丙午四月梁村兩社老人重建立列洺州長史郭甫等名後書治平三年丙午五月重建造無經刻年號人名 正書高一尺八寸八面各寬七寸今在東梁村清寧寺

右幢書梁村兩社即東西兩村以前景龍三年幢書陽曲縣永昌鄉梁村証之足見即今之盂縣梁村蓋至宋已分東西兩社也惟唐為永昌鄉宋為居仁鄉耳至前書真宗景德三年丙午後書英宗治平三年丙午相距已六十年均書重建

豈前重立之幢已毀而復重建造歟

金李集義造經幢　正隆二年王口書造經塔人李集義李信前刻陀羅尼經高一尺七寸六面各寬六寸正書今在雙鶴山

金李輔造經幢　大定八年九月李輔立石前刻佛像一並加句靈驗陀羅尼經高一尺九寸半八面各寬四寸半正書今在城武村大覺寺

金王氏新建大王廟石幢　泰和四年三月幢八稜文叙王氏自陝西延安府米脂縣遷於仙人里建大王廟書人王貴今在山北村公所

元藏山神廟記　至元三年三月魏忠僧立石記叙二侯存趙氏又立廟事無經高一尺六寸六面三面寬五寸六分三面寬三寸正書今在水嶺底村大王廟

元靈顯廟石醮台記　泰定四年三月定襄縣陰陽教諭王述撰書各面上書昭惠靈顯王廟醮台記九大字

下刻文與人名無經高一尺九寸八面各寬四寸八分正書今在前元吉大王廟

按文言功留蜀地有斬蛟息浪等語考宋高承事務記原元豐時國城之西民立灌口二郎祠之神永康導江縣廣濟王子王即秦王李冰也五代會要所謂冰次子郎君也宋後勅封靈惠侯又隋趙昱為嘉州太守曾斬犍為潭老蛟除水害土人立祠於灌江口唐太宗封神勇大將軍玄宗封赤城王今奉二郎神多為趙二郎其奉封神上之二郎楊戩亦間有之

元藏山廟醮台記大元丁卯四月　王述書記為趙文子立醮台前刻文後人名無經　高二尺六寸面各五寸正書今在前元吉太王廟

按世祖至元四年與泰定帝泰定四年皆為丁卯惟元初為蒙古世祖至元八年十一月始改號大元此書大元則為泰定四年也

元聖帝祠醮台記 大元庚午三月　李忠恕等立醮台記道門提筆武道淳書前記後書人名　高一尺八寸六面各寬五寸六分　正書　今在婁里村泰山廟

按石無年號只書庚午世祖至元七年與文宗至順元年皆為庚午以至元八年十一月始改號大元考之則此書大元國當為至順元年也

元龍神廟醮盆記 至順三年三月　社長朱子敬等立刻記無經　高一尺七寸六面各寬五寸　今在水嶺底村

元紫栢龍神醮台記 至正二年四月　王善卿撰書劉仲寬為追仲其亡子信夫之願而立前記文後人名及

劉氏宗派高一尺九寸八面四棱寬四寸四正寬四寸八分正書今在芝角山

元武安王醮台記 至正四年七月社長祁子和等立前記後人名無經高一尺八寸八面各寬四寸正書今在牛村二郎閣

元妙莊廟石幢 至正六年八月粟永貞撰平定州儒學范非節書前記妙莊公主成菩薩事蹟後書人名高二尺八面各寬三寸六分今在蔣村香山寺

元顯靈真君醮台記 至正十年正月許通寶等立前記後人名高二尺八面各寬四寸在柴莊二郎廟

元藏山神醮台記 至正十二年四月曹維綏立石粟永貞撰粟泰玘書前記後列盂州職官及三代名高二尺一寸六面各寬五寸八分正書今在西閣大王廟

元靈顯真君香台記 至正十二年九月鄉貢進士王口輔撰本州司吏張志道書刻記文無經高一尺九寸六面各寬五寸半正書剎甚今在烏沙村二郎廟

元仇猶君廟醮台記至正十六年七月　安仲賢撰書刻文詩人名無經　高一尺五寸六面各寬五寸　正書今在雲中山仇猶廟

元龍王堂醮壇記至正十八年正月　墅軒邢著撰書刻文無經高一尺六寸六面各寬二寸半　正書今在水嶺底龍王廟

明栢林寺建香鼎記正德六年孟春　僧無疑撰　石高四尺八面各寬三寸　正書　又一為正德十年甃月台醮盆二事記　今均在南韓莊栢林寺

明藏山廟禁宰殺石柱正德九年十一月　前刻禁宰殺文無經後刻太監及巡撫布政按察都□等官名　高二尺二寸半四面各寬九寸　正書今在藏山文子祠

明温泉寺香鼎記正德十六年五月八　僧守緣撰續震書刻文偈無經　高二尺半八面各寬六寸　正書今在東莊頭廟內

明八卦星符石幢 嘉靖二十五年四月刻八卦各星符無文無經高一尺八寸八面各寬三寸三分所在未詳 今紅崖頭文明閣亦有此幢為大清康熙間生員孫□約立蓋沿此習也

明八卦石幢 隆慶元年六月立上刻乾坎艮震等字並八卦無文只書糾首闞東昇等十人及節婦李氏郭氏等名 高約二尺一寸八面各寬四寸今在城內南街

以上寺廟石幢二十七

宋長老深公和尚塔記 政和間記尹承深為僧事 牛光撰書後刻陀羅經呪 正書 高二尺八面各寬五寸 今在西煙鎮大安寺

右幢建立年月以政和五年十二月壽終蓋亦政和六七年時也深公為殿中侍御史尹覲之曾孫

宋趙皐造墓幢 宣和二年五月 趙皐修墳記其世代 高一尺七寸八面各寬四寸半 正書 今在興道村南

千佛寺

按幢書夫子嵓前立圜即今程子嵓之南千佛寺之傍足見二程之名爾時已並重當時矣

宋李日親造石幢宣和六年十月税戸李日親立前書天下太平天下人安八大字後書其三代並題截句一章高一尺九寸八面各寬四寸半正書今在中社釋迦寺

按幢書税戸即周廣順中㸃税戸充保毅軍宋仍因之也詩言歲歲遷官職留與兒孫世世榮裕後之旨也

金祐公幢銘天會十年九月僧善興為其師弟祐精立幢胡隱撰書後書陀羅真言正書幢八面約高二尺餘今在凌井南社明教寺

金故靖昂塔記經幢又會十一年十月門人興瑞為長老靖昂建塔後書助緣人名及加句㚬驗陀羅尼經

均正書　高二尺一寸六面各寬六寸半　今在杜村永清寺

按幢書長老為陽曲縣兩凌村人今盂西有凌井村其西有兩嶺山接陽曲境足見宋時尚屬陽曲也

金趙劉氏造經幢天德二年四月　趙劉氏為亡夫趙嚴立幢前書多心經一卷後書其三代子女名　高一尺七寸六面各寬三寸　正書　今在興道村關帝廟

金賈弓氏造經幢天德二年十月　賈弓氏遷夫賈福造前書破地獄真言及生內院真言後書子女名　高一尺一寸六面各寬六寸四面刻佛立像　正書　今在婁里村

金韓正生藏幢記天德五年四月　韓高為其兄韓正迒八句建生藏撰記并書首刻佛像其次刻陀羅尼經句後書銘詞並三代子女名　高二尺八面四正各寬八寸四側各寬二寸餘　正書　今在柴莊關帝廟

按幢記三代原為威州天長縣即今井陘縣籍金史海陵王

天德五年三月已改貞元此在四月猶書天德蓋道遠弗知也昔人作生冢如漢之孔耽趙岐皆足見其闊達此尤足見其兄弟之友恭也

金文莊和尚石塔 貞元二年七月　神福口雲書誌前刻經後記　文莊為真定人天會丁未來盂貞元二年歸真　高二尺二寸八面四正各寬八寸半四側各寬三寸正書今在白水村小廟

金趙禮藏記 大定十一年二月　趙禮藏記前書文後刻三代子女名無經刻　高一尺八寸六面各寬四寸半　正書今在興道村

金興道里趙氏墓記 大定十一年五月　鄉貢進士張養浩立石隆山居士楊霈撰王仲兄書前刻其先代無經刻　正書　今在興道村興化寺

金神泉里王氏墓記 大定十一年九月　楊霈撰孟永壽書前刻記文後刻其三代子女姓名無經刻　高二

尺八面各寬五寸正書剎甚 今在神泉村廟內

金神泉里王氏塋銘 大定十三年 楊霈撰前刻銘記中刻像一又刻王忠良子女後刻陀羅尼真言 高二尺八面四正各寬六寸四側各寬三寸六分 正書 今在神泉村

金宗惠大師墓幢 大定二十年仲春 清河張選撰 鄉貢進士睦庭彥書 前記宗惠事蹟 後刻經 高二尺二寸六面各寬六寸半 今在石下章召禪智寺

金陳楫等葬考妣記 大定二十年十二月 宋□□撰并書 陳楫立石 前敘其由 陽曲縣 盤威里 遷盂 無經刻 高一尺七寸四正面各寬七寸 正書 今在萇池陳家塋

金任誠新修墳記 泰和元年 任誠為其祖清立 立石 誠由其文政遷於欒城而歸為其祖修墳立記也 石刻記與祖父壺系 無經刻 高一尺八寸半八面四正六寸半四側二寸 正書 今在欄長村北西瑞上

金楊林墓幢 泰和二年三月 楊政為其父楊林建石塔 書丹人楊暉同書人壺忠 首刻弗坐像一 下書進義副尉文

銘六大字次刻陀羅經句後刻塔記人名銘詞高一尺七
寸半八面各寬三寸八分正書今在下社村釋迦寺

金神泉王氏祖塋記泰和二年四月為進義校尉王忠京營葬
記書記人馬郁首刻佛坐像一次刻陀羅經
真言後刻記與宗派高二尺八面四正六
寸四側三寸正書今在神泉村廟中

金北舁郭氏墓記泰和二年七月郭學誌其祖墓僧惠果書記
前刻文後刻宗派高二尺二寸六面各寬六
寸正書今在北舁村郭家墳

金興道村王氏墳記泰和三年八月王仲記其先文水縣木司
村王彥祖因兵災遷盂石僅刻記無經高
一尺八寸四面各寬一尺
正書今在興道村王氏墳

金秦氏墓幢泰和四年古文水任寶□著男秦岦忠書首書故
秦公之墓志次書陀羅尼經呪後書墓志高二尺
八面各寬四寸今
在下社村釋迦寺

金趙公墓志幢大安三年五月九原劉楝撰趙志墓記趙慶等
立石前書志後列宗派無經高一尺九寸八面

各寬四寸三分正書今在興道村

元南榆村王公墓志 至元二十年五月高滌立石平定張仲明趙吉甫書丹高乙與其子滌為其岳父志墓中書神呪真言高一尺九寸八面四正五寸四側二寸正書今在東南畀玉像寺

元朗公法師行狀塔 大德三年二月本寺沙門廣源撰書前記朗公和尚行狀後人名及經句高二尺六面各寬五寸半今在下章召禪智寺

元北畀郭氏墓塔 大德八年八月學諭劉原書郭完郭順立石前刻誌後書宗派無經刻高二尺三寸六面各寬六寸半今在北畀村郭氏墳

元趙子琪墓塔記 大德閒盂州務使張克信記前記文後宗派無經高二尺四寸八面各寬六寸殘缺不全正書今在宋村東坪

元興道里趙氏墓志 延祐二年十一月趙彬等立石鄉貢進士張思恭撰書前誌後宗派無經高二尺三

寸六面各寬七寸三分今在興道村趙家墳

元興道里王氏宗祖幢 延祐三年十月王仲才立石張道真書首書宗祖之圖四大字下刻記後刻宗派 高二尺七寸六面各寬六寸今在興道村興化寺

元張順塔記 延祐七年四月張伯川等為祖考張順遷立墳記幷陘學諭劉源撰釋德行書前記後宗派無經 高二尺一寸八面各五寸正書今在牽牛鎮軒轅廟

元齊氏宗派石幢記 至正二年十月齊仲英等立齊泰撰齊景文書記敘歷代宗祖 高二尺三寸八面各五寸今在觀溝村東

元興道王氏宗祖圖記 至正六年十二月王思義立前宗派圖後刻王祥卧冰王蒲栢慘等圖 高一尺九寸四面各寬一寸正書今在興道村王氏墳

元田氏石碣 至正十六年四月張希日撰田興祖為其母祔葬文墓立幢文敘其世系無經 高一尺七寸八面各

寬四寸正書今在蓑池大王廟

明無礙禪師靈骨塔記成化十九年四月上刻佛像中刻藏骨室係及修行記下刻山水坐像及助緣人名上節高約一尺四寸四面各寬四寸中節高約二尺一寸四面各寬一尺下節高約二尺二寸八面四正各寬七寸四側各寬三寸八分正書今在小坪峪觀音禪院

以上墳墓石幢三十三

以上幢塔共五十八

碑記

碑於古在宗廟為識景麗牲在墓隧為引棺下葬後因鐫文於石遂以為記事之物漢魏碑石中心多有圓孔即沿其式也後世專為記事已變其本方碑圓碣螭首龜趺或嵌於壁

或摩於崖或為銘功頌德或為志墓記名其制有異其用不同而其為記事垂遠以昭後世則一也

宋蘭若院記 元祐四年八月前一石為宋裕勅修李長者聖水石洞刻記文人名為宋牧書後一石為宋裕新修李長者聖水石洞為楊永奇書刻有提點刑獄張商英銜名前石高一尺寬八寸後石高八寸寬一尺三寸半均正書原在欄長村北寺現移存縣圖書館

按張商英即無盡居士其提點河東路刑獄時曾至方山倡修昭化院此與方山相近亦為下院或一至盂縣抑追列其名歟

宋蘭若院常住地土碑記 宣和四年二月石刻地土四至畝數書石人楊文高一尺半寬一尺半正書原在欄長村北寺今存縣圖書館

金新修清涼教院記

大定三年七月鄭翼之撰張仲臣篆縣令平孝叔書善成立石高五尺一寸半寬二尺四寸正書今在慈氏山

金創文殊五龍堂記

大定十年九月喬松年撰賈子祐書碑紀寶祐與門人善興度門人及天子會九年修中殿至大定十年創建文殊五龍堂事石高約三尺餘寬二尺正書今在凌井南社明教寺

金藏山神廟記

大定十二年六月蔡州防禦使智楫撰縣尉孫德康篆鄉貢進士薛頤貞書高四尺九寸寬二尺七寸正書今在藏山廟

元復立宋大觀聖作碑後記

至元十三年閏三月孟州知州張慶安復立宋蔡京所題大觀聖作之碑以原碑埋沒眞壞趙君秉傳来孟謁廟與張君經營重立復記於碑後高一丈二尺寬四尺二寸正書前面已剝落無字今在文廟

元加封孔子詔

大德十一年十二月元武宗即位加封孔子大成至聖文宣王翰林閆復撰詞高四尺一寸寬

一尺九寸今在文廟

元重修藏山神廟記　至大三年十月碑記楊德李能二人修廟事教授孔之榮篆前州吏李茂禮書高四尺五寸寬二尺九寸正書今在藏山廟

元萇池里創建文宣王廟記　延祐元年五月碑記伯德輓修文廟事教授孔之榮篆廉訪副使劉滋書王居實撰高六尺二寸寬四尺二寸正書明隆慶元年復立今在萇池西村五道廟

元萇池里創建藏山神廟記　延祐二年九月田繼祖興祖立石儒學正王士明撰醫學諭王進書高三尺一寸寬二尺八寸正書今在萇池東村北大王廟

元重立唐夫子廟堂記　延祐三年四月前面刻唐程浩撰顏真卿書夫子廟堂記吳道子畫宣聖及兗公小影後面刻臨像書人陳繼并鄉儒鄉官職官銜名高四尺一寸寬三尺一寸正書今在文廟

按程浩此記原題鳳翔府扶風文宣王新廟記後人愛魯公

書刪去扶風縣一段所在重刻今太原縣亦有此刻足証後人重刻者之多也

元禱雨酬神記延祐五年八月記為州監州尹寧屬禱雨藏山酬神學正張中立撰生員張存義書高一尺一寸寬二尺三寸正書今在神泉村后棧廟內

元重修藏山廟記至治三年八月州判蒲璣撰鄉貢進士呂思誠書高三尺八寸六分寬二尺正書今在西關大王廟

元慧福院常住之碑泰定四年閏□月雲山□老祖宣撰寶峯□□□書前書記文及功德主人名後書猪兒年閏七月蒙古聖旨高四尺四寸半均正書今在牛村鎮慧福寺

元建漢昭烈廟記致和元年十月文水县教諭延鳳舉撰前永和县教諭趙懿書前秀容县教諭范節篆盂州稅務副使檀興等立石碑記延祐七年王讓等以元夜置像奉定元年檀興等復與經營致和元年落成高三尺半

寬一尺九寸半正書今在小南關三義廟

元萇池里文殊院記　天歷二年九月弘教大師實峰印吉祥撰進士張存義書高五尺二寸半寬二尺六寸三分正書今在萇池東村文殊寺

元重修興化院記　至順九年十二月沙門廣宗撰書高四尺二寸半寬二尺六寸三分正書今在興道村興化寺

元重修宣聖廟記　至順二年五月孟州學正李稽古撰書徐溝縣主簿張中立篆記撰於元年而立於二年高六尺四寸寬二尺四寸半今在文廟

元重建西齊王廟記　至順二年十二月小童學師胡彥卿書高三尺九寸寬二尺三寸半正書今在西宋村本廟

元重修武安王記　至順二年十一月孟州學正李稽古撰併書篆高四尺三寸寬二尺四寸半正書今

在東村本廟

元重修文殊寺記 元統三年七月徐溝縣主簿張中立撰興州學正趙懿書榆次縣教諭陳遵道篆高四尺寬二尺三寸六分正書今在盂北村本寺

元新修廟學記 後至元二年五月侍書學士虞集撰廉訪司副使李鵬舉篆廉訪司知事郭維恭書至治三年撰文而石立於至元二年高六尺三寸寬二尺三寸正書今在文廟

元重修玉像寺記 後至元二年十月平定進士運復初撰平定陰陽術士孫忠亮書碑記高滦等請廣潭住持修寺事高三尺三寸寬一尺九寸正書今在西南舁村本寺

元紫柏龍神廟記 後至元三年四月徐溝縣主簿張中立撰重門逸人伯德軏仲可篆當里王忠輔書碑記紫柏奇異右有石泉禱雨輒應因建廟祀之高三尺二寸寬一尺九寸正書今在芝角村北龍王山

元重修廟學記 至正元年七月盂州同知拜出撰廉訪副使別魯沙篆盂州判官李薛徹察兒書高五尺六寸

寬二尺九寸正書今在文廟

元重修永清寺壁繪佛像記 至正二年四月撰書篆只有國子伴讀進士及澤州進士孟州學正又國子伴讀當為呂思誠永平進士三行名均闕後列文及職官名亦闕殘高三尺九寸寬二尺九寸正書今在東社村本寺

元重建玉泉山觀音堂記 至正三年鄉貢進士胡惟堯撰豐贍庫副使栗永書孟州教授浩允恭篆高約四尺寬約二尺餘正書今在寺家坪東北

元護國西齊王廟記 至正四年四月國子監伴讀李徽撰西日縣主簿劉鳳儀書陽州路錄事胡子約篆碑敘楊梅等重修廟事今高三尺二寸半寬二尺二寸正書今在西宋村本廟

元重修玉皇殿記 至正五年八月湖廣等處中書行省參知政事呂思誠撰御史台管勾葛禋書篆楊思明立石高四尺三寸寬二尺五寸半正書今在土塔本廟

按呂思誠葛禋均為平定人與楊思明相友善而楊之弟兄

思忠為中書省郎中思恭為平江路治中思敬為侍御史則思明亦孟之顯族也

元宋莊創建藏山祠記至正五年十月孟州學正趙鑑撰同知也先怗木兒書知州孟崇祖篆高五尺三寸寬二尺二寸正書今在宋莊村本廟

元重修藏山神祠記至正五年呂思誠撰葛秬篆袁州總管楊佑書前達魯花赤塔失怗木兒重修高四尺二寸寬二尺四寸半正書今在縣西闕大王廟

元普濟寺重建廟記至正六年五月鄉貢進士□□通撰碑記寺為唐建大德四年復建高四尺一寸寬一尺七寸正書今在侯莊

元重修按是寺碑至正七年八月荆池埜人三閑胡龍圖撰本里儒人段的文書釋福恭篆碑記寺建全時至大至元及至正元二年修補事高五尺寬約二尺正書今在黄侯村本寺

元重修佛堂寺記 至正八年高約四尺餘寬約二尺餘正書今在北畁村本寺

元大覺院武安王廟記 至正九年正月孟州學正遠鑑撰河北道廉訪司書吏鄭簡諒書河東陝西等處
轉運鹽副使禮明德篆高三尺七寸寬二尺五寸今在城武村本寺

元重粧聖像記 至正十三年己丑月僧顯讓撰福懋書福五篆後書施主人及僧派系高約四尺餘寬約二尺
餘正書今在南韓庄柏林寺

元楊氏重修佛堂記 至正十四年四月國子監生員和質撰國子監伴讀李薇書碑為楊溫甫等修佛堂記
高約四尺寬二尺正書今在東莊頭寺內

元重修雲中閣碑記 至正十四年許彥英等重修高約五尺餘寬三尺正書今在東邢村雲中閣

元重修玉像寺畫壁記 至正十五年十月本里學師王希道書執筆王仲廣篆福祐撰碑記義良義遠重
修畫壁撰玉緣事高三尺半寬一尺九寸正書今在西南畁玉像寺

元新畫東壁并建土地閻王堂記 至正十五年十一月三閑子胡蟥撰中書左丞呂思誠篆記陳仲良何寶等梔嚴寺高三尺四寸寬二尺正書今在西南畀玉像寺

元廣覺寺記 至正十五年十二月和寧路學正米知撰沙門行真書方山鄉貢進士吳中篆記惠志惠聰修寺事高四尺四寸半寬二尺二寸正書今在陵井村廣覺寺

元李莊藏山祠記 至正十六年朝元進士高彥明撰府學生員張士彬書龍山野人田澤篆記文子歷史及脩廟事高五尺半寬二尺六寸正書今在李莊壽聖寺

元廣覺寺梔佛像記 至正十七年五月龍泉道人榆次薛惟一撰沙門滿津書趙王前侍□管領英潛篆了登立石高四尺三寸寬二尺三寸正書今在陵井村本寺

明重修玉皇殿記 正統四年九月盂縣訓導李衕撰碑為知縣張祥同僚屬重修殿宇記高約二尺餘寬約三尺餘正書今在土塔村玉皇廟

明重修三聖禪寺記　成化十六年九月盂縣教諭趙原撰訓導史璠書碑為無瑕和尚重修寺記高一丈一尺寬三尺一寸正書今在城內西寺

明三聖禪寺碑銘　成化十七年四月盂縣教諭趙原撰前汝寧府推官張睿書碑敘舊名淨土院唐貞觀五年改為三聖寺金泰和七年重建明洪武時重修正統七年後為無瑕修造記以銘之高九尺寬二尺六寸正書今在城內西寺

明重修柏林寺記　弘治八年進士太僕寺少卿平定白思明撰本里同宏書史環篆記謂原為龍神廟金大定九年改為寺高約五尺寬約二尺半正書今在南韓庄柏林寺

明藏山趙文子碑頌　嘉靖二十七年十月知縣周夢綵撰署盂縣事代州同知師溥典史李環立石文敘神德並述其守土之責又附歌五章以頌神功高約四尺餘寬約二尺正書今在藏山文子祠

明重修雲中閣碑記　萬曆十一年三月邑人杜芬撰劉啟明書碑記雲閣為唐尉遲恭復造閣在七星山嘉

靖初年燒燬士風凋陋萬歷三年劉邦忠等修之人文漸盛高四尺八寸寬二尺三寸正書今在東邢村雲中閣

按唐時曾勅尉遲恭監造寺院後世寺院遂多傳為尉遲恭所造亦未可盡信也

明重刻壽星圖記

萬歷十三年七月署孟縣事于明善謹刻圖為宋嘉祐八年冬京師有道人貌古能飲帝聞召見賜酒一石飲至七斗天台奏忽失所在時人多珍是圖治平甲辰邵雍敬題壽星頭高五寸寬四寸身高九寸寬九寸今在文廟

明井泉記

萬歷十四年五月知縣黃應極書典史黃畫同立石碑記縣尉于明善掘井于預宮東刻於壽星圖碑陰高三尺四寸寬一尺九寸正書今仍在文廟

明重修三聖寺碑記

萬歷二十四年五月戶部主事邑進士劉鳴陽撰鄉進士李脩篆儒士趙九勝書碑敘釋迦佛生之源並文殊普賢兩菩薩輔世贊化故名三聖寺僧淨賢復修為記高九尺寬二尺八寸正書今在城內

西寺

明慈氏山修工原疏附小碑記崇禎五年四月鄉進士張晨代趙延慶撰書四川巡按趙延慶與張晨書以讀書此山擬修寺募捐疏並小碑以記其事高三尺八寸寬二尺今在慈氏山

明新建啟忠祠記崇禎十四年四川左布政史文煥撰碑高約四尺餘寬約二尺正書今在藏山啟忠祠

清修玉皇廟記順治四年庽道人傅山記碑為劉尚銀修玉皇廟記重其尚義也文人詞極古書亦超俗先生不忘明故不書順治書丁亥時庽盂故書庽道人高四尺七寸寬一尺九寸行書今在小橫溝本廟

清西坪勝蹟記康熙二年陝西布政使參議武全文撰武次文書記述西小坪十景刻重修聖母廟碑記後高四尺六寸寬二尺一寸正書今在西小坪聖母廟

按武全文為順治四年進士所記勝蹟為全峯毓翠文筆挺秀龍澤署禊鳳池秋水西灘積石北磴垂泉瑩松盤瑞澗底

流澄水口石牛墳麓土魚十景點綴村景亦極文人之能事也

清新修西小坪閣碑記 康熙十年三月分守東兖道武全文撰拔貢武介宗書碑記其父聲遠創修小坪閣事 高三尺二寸寬二尺 正書 今在小坪村

清修清心寺碑記 康熙二十二年十二月分守衡永郴道武全文撰庠生賈奎璧書碑記寺為明吳昭吳印二方伯故祠僧清海重修事 高四尺八寸寬三尺正書 今在方山村本寺

清增修龍王山聽松樓記 雍正五年八月翰林院檢討王堉撰增生王宗緩書亞元王澄篆 高四尺寬一尺六寸半 今在龍王山

清紫柏歸根記 雍正九年十月王堉記碑為丙申夏禱雨掘得柏根絳色虬形人以為龍藏於岩下記其所歸 高三尺九寸寬一尺六寸正書 今在龍王山

以上寺廟碑五十九

元吴氏世系顯耀碑 後至元六年五月石州學正呼延鳳舉撰 鄉貢進士王若思書吴公亮立石碑記方山 吴氏自金天會間吴曼及元初吴琇等顯耀始末並世系圖 高五尺一寸寬二尺八寸正書今在方山村吴氏本塋

按志稱吴氏係吴璘子孫遷盂以此碑記遠祖為金天會間吴曼考之天會十五年為南宋紹興七年斯時曼已居盂非吴璘之後始遷盂也吴琇奉太師國王木華黎之令封安遠大將軍非封太師也舊志均誤

元施州司理張公墓表 元至元六年監察御史呂思誠撰碑為 司理張秀之墓表而所叙皆其家世碑叙 張氏為北周張君德唐張士貴之後上文村塋壙有墳及廷 寶至宗嗣以下之碑碣自唐歷石晉宋金至元世登巍科歷 任顯官呂與司理為姻親所叙自詳確也　原在城北原本 墓

按宋時河南孟縣爲州孟於金末始升州碑文於宋張昭禮張穩均書爲孟州判族譜亦均爲孟州判當係書者之誤也

元趙氏宗祖之圖碑至正元年四月稷山旌汾里龔翊撰趙從甫書碑叙趙氏宗祖至鐸爲孟州同知弟鑑任贇繼爲同知高四尺三寸寬三尺四寸正書今在興道村東本塋

按趙鐸封安遠大將軍鑑封鎮國大將軍均奉太師國王之令與吴琇同爲元初人

元洪公和尚壽藏記至正十一年四月楚客三閒子撰書碑記廣洪和尚姓杜先籍太谷後從孟子杜村禮欽公爲師壽七十四高一尺六寸寬一尺四寸半正書今在杜村永清寺

明孫氏石几記銘明洪武八年僧克仁記其曾祖塔海祖乞答亥父拜不花官階葬墓並附銘詞刻於白水鄉本墓之石几記述塔海知太原事乞答亥爲汾州監事拜不花爲平定監州同姻婕葬孟之白水鄉今在白水鄉孫

明吳氏重修先塋世系碑嘉靖二十八年六月廣平府知府李騰霄撰生員李時英書碑記吳氏世系氏本墓及守塋事高五尺半寬二尺半正書今在方山村吳家墳

明施鼎墓誌萬曆七年十二月進士孫繼先撰進士劉鳴陽書志書施鼎輸賑粟千石併修寺觀橋梁諸善舉年九十二歲石長方約尺餘正書前數十年出土今存辛莊施氏宗祠

明張撝亭墓碑萬曆四十年清明山西按察司兵備張國璽撰邑鄉進士劉鳴岐書碑記張淑譽修縣志及其先祖捐粟千石救災事今在城北坪

以上墳墓碑記八

以上碑記共六十七

勅牒

崇封廟號勅賜寺名歷代皆有惟宋金為最而金尤以寺觀納錢定額為補軍需之用是以金時勅牒多云納訖如數請賜名額此如清季捐官定例亦秕政也惟於寺觀之沿革尚足考證不無可取也

宋慧福寺帖記 治平三年十一月天福五年造普同院治平元年賜額惠福院後記殿堂佛尊及人名石高三尺二寸寬二尺正書今在牛村本寺

宋明教寺勅牒並記 治平三年文定十年刻於創建文殊五龍堂碑後並記寺於開寶間建石高約四尺寬約二尺今在凌井南社本寺

金清涼院勅牒 大定三年正月白水村西山院勅賜清涼教院張沖臣書石高二尺寬一尺八寸餘今在慈氏山本院

金建福院牒記 明昌六年四月上節勅牒下節刻堂殿佛尊碑陰人名張仲臣篆尹安社書高四尺三寸寬一

尺九寸半行書陰楷書今在白土坡本院

以上勅牒四

詩刻

詩言志歌咏言古人往往於名勝古蹟之間題詠寄懷或摩於崖或鐫於石或寫於壁而後人紗籠之或寄於箋而識者摹勒之讀其詩如見其人傳曰詩可以興故錄之

金題淨業祖師詩碣明昌七年夏月府判宪溪劉精讚詠休根和尚七言截句一首門人福鑒誌廣千立石石高一尺二寸寬二尺四寸行書原在城內三聖寺今存縣圖書館

按金章宗明昌七年十一月改稱承安此在夏月故仍書明昌

元淨土院詩碣　元貞三年二月　元遺山於己亥中元後四日居孟山寄題冰岩七言截句一首又州判王從禮題七言律一首僧正文正思立石鄉貢進士李文行書石高一尺七寸寬一尺八寸正書　原在三聖寺今存縣圖書館

元水神山詩碣　至正四年九月　孟州牧程明德同幕客謁神題石高一尺寬約一尺半正書　今在水神山廟壁

明藏山龍洞詩碣　嘉靖五年九月前為吏部尚書梟平喬宇題七言律三章後為德州知州孟縣高岱題和石高六尺寬二尺三寸正書　今在藏山

明題窄平詩碣　萬曆四十六年　肖岩書題五律一章石高九寸寬一尺四寸行書　今在神泉村后棧

清烈女祠詩碣　康熙二年四月　興化府同知邑人高揖題石高約一尺四寸寬一尺八寸行書　今在水神山

清青羊庵詩碣　康熙十一年　詩為傳青主題崛嵋山青羊庵寺僧刻於聖佛山卧虎寺石柱分二石均已殘缺

二石高三尺二寸寬一尺三寸半行書今在東郭湫松坡山文昌廟

按青主青羊庵詩芟蒼鑿翠一庵經不為瞿曇作客星既是為山平不得我來添爾一峯青庵在陽曲縣崛嵋山劉雪厓謂聖佛山雪峯禪師卓錫地門柱鐫此詩峯作巔即此石原在盂壽界聖佛山臥虎寺後寺廢移郭湫原跋云壬子馬子都生攜□蹟示予即藏之叟塔鐫於石等語是石為康熙十一年所刻也清季劉雪厓又摹刻一石於壽陽神山

清松椽連理詩碣 乾隆五十六年刻石康熙三十九年邑人王先聲見松椽連理題七律二章一草書一隸書原書於西壁後因壁損刻石高八寸半寬一尺一寸均正書今在大桃園三義廟

清藏山禱雨詩碣 雍正間邑令閆壇七律七古各一首又同治五年邑令張士霖七律二首今在藏山文

子祠

以上詩碣九

元石獅詩刻至正二十年四月馮能題獅連座高四尺三寸寬一尺七寸詩題座前向正書今在東關頭東村

又仙人村亦有石獅座題至正八年三月文字磨滅

明慈氏山詩刻崇禎五年趙亨伯延慶七律一首正書張問月晨七律二首草書均刻慈氏山小碑記碑陰今在慈氏山

清紫柏龍王山詩刻乾隆六年王石和瑀辛酉夏入山閱前諸碑記感懷附刻新置常住碑陰今在芝角村北龍王山

清藏山文子祠詩刻乾隆三十年前後汾陽張成志詠藏山七律一首刻於金大定十二年碑側張為汾陽副榜盂縣教諭乾隆二十四年任至三十七年今在藏山

以上附題詩刻四

清諸靈山靈泉石壁詩刻乾隆二十二年七月于總武禔錫題今在西小坪諸靈山

清狐妖洞摩崖詩刻乾隆間烏川安大宗題七言截句一首詠山風景今在方山村南石崖

按狐妖洞即狐偃洞當祠晉狐偃大夫土人相傳變音為狐妖耳安大宗為乾隆二十六年舉人曾授讀於方山詩當為其時所題

清藏山摩崖詩刻嘉慶八年中秋知盂縣事張碩題五律一首今在文子祠大殿後崖上

清卧虎山摩崖詩刻光緒十年邑人田國俊題七截五古各一首民國乙丑愚公刻層樓聳翠半壁長青四言二韻今在城武西狐岺山

清水神山摩崖詩刻光緒間邑人田國俊題七律一首今在水神山

以上摩崖詩刻五

以上詩刻共十七

題刻

古人因紀念垂遠往往題刻數字於石碑山崖如紀界至紀地名或紀游題名或志景題詞皆足以資考古焉

北魏大佛山三字題刻年號漫漶旁刻似為永安□年□□□□□□正書橫勒字徑約二寸書法似魏體今在泥河紅面山石佛洞嶺上

明藏山乾坤四字題刻萬曆十九年五月吉日賜進士浙江餘姚李槃書四字擘窠書徑近尺已剝蝕不清今在藏山飛岩樓東民國十三年愚公刻作霖二字

清第一洞天題刻清乾隆辛未李宗皋題正書字經約六寸今在高岑山東北懸崖下摩崖

清仙坐二字題刻清乾隆辛卯張偰録正書字徑約六七寸年號序文字經約二寸今在李寶山西北石上

清龍泉二字題刻乾隆間武生千總武祺錫書字徑約一尺今在諸靈泉石崖上民國十四年是愚公又刻靈泉二字

清綠雲屏三字題刻光緒十六年六月邑人田國俊題字徑約五寸旁又刻蘭一本今在城武村西狐岑山

以上摩崖題刻六

右石刻另有文編故志僅載其略

石斧長約三寸寬約寸半厚約七分刃薄二分無文字仙人村高受天藏

按上古多用石器中古始易以鐵如石錐石斧石錢之類號為石器時代之物此為盂邑出現故特列之

陶類附

塼甓

金菩薩磚座記

維大金國河東北路太原　邑長王德胡祥曹仲

府盂縣龍壁村大悲口　及功德主等十餘人名

衆特捨口財集口　貞元三年二月十五日

右磚高四寸半寬一尺二寸半今在盂北村文殊寺菩薩坐台中嵌存

按貞元爲金主亮天德五年三月遷燕京改稱三年爲乙亥

時盂尚爲縣屬河東北路（河東南路今平陽一帶）太原府（河東北路置太原總管府）

龍壁村爲榆壁見元元統三年重修文殊院記記謂不知政

自何歲其云刻木為文殊像佛座見於亡金貞元三年則即此華座也

明城磚款識

鑿正面

萬曆廿九年重

天順捌年

左側字不顯

鑿長一尺二寸寬八寸厚二寸天順八年四字徑約二三寸餘一二寸不等左刻萬曆九年中間又有廿字似係廿字然萬曆十八年起工此當為十九年也蓋天順八年磚鑿萬曆十九年重修又添刻也

磚正面

萬曆十八年三月初一日起工增

磚長九寸八分寬五寸厚二寸二分字徑一二寸不等

檄發等泥水匠

右側王雷男王好德

趙元倉男趙守潤

右碑鑿均民國十四年冬月修城發見天順八年為明英宗復辟後八年甲申萬曆為神宗年號十九年相距一百二十六年也今存於圖書館

瓶缶

永安磁缸

永安二年三月

黑黝粗磁高三尺九寸五分口徑七尺七尺腰徑八尺六寸五分仙人村高受天藏

按永安年號有四東吳景帝休稱元年十月至七年六月晉惠帝羊后元年正月至六月北魏莊帝子攸元年九月至三

年九月宋哲宗時夏乾順稱三年此距東吳及西夏之地甚遠而晉後隸北魏以二年三月觀之其為北魏莊帝時物乎然書法則非魏體或後之仿造者歟

古瓦瓶

民國十五年春季濬城壕於東關東北隅得陶器如瓶如罐大小共十枚古色斑爛殘闕不全惜無年號可考耳併存縣圖書館

造像

琉璃造像

像出東宋村口古寺坪寺不知造於何時毀於何時民國十

七年由土中掘得頭已折背有永和九年數字
按永和順帝稱六年東晉穆帝十二年後秦姚泓二年北涼
阻渠牧建七年閬王延鈞二年此為九年當係東晉時物惜
土人未識竟為骨董客售去

琉璃脊獸

(一)獨角獸三尺二寸半高一尺八寸　(一)鴟尾二長二尺九
寸高一尺三寸　(一)獅子長一尺六寸高約一尺七寸七分
(一)馬長一尺三寸寬四寸五分均無年號
以上係三聖寺佛殿之物工極精緻惜無年號但寺為唐初
改建金泰和七年重建其物當亦在元明時也二十一年重

建佛殿仍補用於其上

按炙轂子曰漢柏梁災巫獻術曰取鴟魚尾置殿屋以厭勝今以瓦為之原作垂尾水精能免火災

木類附

傳青主玉皇廟楹聯

唯只裡錢免買不得　儘他們簿子記來明

佛是石頭點頭處何多說法　石頭是佛成佛後自爾忘言

右聯按小横溝雍正六年王勔玉皇廟記云丁亥年劉尚銀等修庙先生登眺為之親題惜今已佚惟後殿有一聯白

乾隆庚戌小陽月邑人張汝濟撰書書法仿青主聯詞亦奇闢不知者即以為青主之書也故附列之

傅青主三義廟匾額

君臣際會康熙丁亥孟冬大槐園三義廟　傅山書　光緒丙子重修　在

按青主於康熙十七年戊午舉博學宏詞時年七十四歲先生壽近八旬計康熙四十六年丁亥已一百零六歲據小橫溝修玉皇廟碑書丁亥寓道人真山是為順治四年丁亥居盂時所書況先生素不書清年號康熙二字是為後人添加無疑先生書汾陽朱之俊所撰真武廟碑亦加順治二字皆不知先生者之所為耳

傅青主鄭氏匾額

會狀先聲楷書字經大約尺餘　畏熱堂行書字經大約尺餘

舜文老於孝廉當為令不肯謁選問其故曰怕熱因即事以顏其堂並楷華宗滄浪峽事為之聯　七十七歲裔黄老人

右為東關孝廉鄭儀夔書青主與鄭甚契會狀先聲匾盂鄭初舉於鄉所書也畏熱堂後書七十七歲蓋康熙二十年所書也惜其聯已佚也

傅青主石氏匾額

窮板軒　石為大横溝石峋書額峋為秀才尚風節青主重其節故書額勵之

傅青主青龍寺匾額

玉虛師相　玉皇殿額

廓落光開　文昌殿額

爽異王鈇　大王殿額　真書字大均近尺

休負才華豈浪容錦懷墨液　文昌殿聯真書

若能孚叉便許吞丹篆靈文 字徑大二寸
賴有藏山儼疇昔寒雲不動 大王殿聯真書
幡然下室到而今靈雨偏多 字徑大二寸
右牛羅彎鑼鼓岩青龍寺玉皇文昌大王三殿額聯無年號
書款傅為傅青主書題先生與村中霍堯成茂才友善霍譜
陰陽術先生曾訪霍至村適修寺求
先生書題筆法遒勁洵先生真筆也

傅青主雙鶴山楹聯

一鈎簾幙紅塵遠　半榻琴書白晝長 今佚
簾疏懸白日　地僻遠紅塵 行書字徑約五寸今存
右為傅青主留雙鶴山詩翰見霜紅龕文集又坐向一龕鐘
韻輕飄松外月經諷五夜爐煙細裊嶺頭雲今在僧院樓下
行書字徑約三寸亦傅
為青主書姑錄備考

又

樹德維滋問子時時手卷　頤光用喜柯孫栩栩含飴

右聯無年月只下聯有傅山書三字圖章漫漶正書字徑約四寸餘今在東關尹衡山家具初為何氏書聯無可考

張荆人東門外關帝廟楹聯

書絕骨氣丈夫劣史難良史亦難任是讐臣腐令等筆狀不出魂磊千端腕誣且漫嘲陳壽

服真血性漢子正人摯姦人同摯豈獨嚼齒溼臂諸公信得過淋漓一點心折先須問魏瞞

天上日人中心痛發兩言後雖當天老人枯羲掌常留曩代赤薇為毛石作骨挺生一塊間便使薇窮石裂墨魂同守故鄉青

右二聯款書邑人張泊遺聯男朗公述書學夏承碑字無年號蓋康熙初年也張泊字雪已號荆人明諸生素敦節義明

來闖賊犯寧武恥為賊辱易緇衣肆情山水莫知所之觀其聯亦可見其人矣

王石和韓大夫祠匾額

不絕人後

雍正間王晡建韓厥祠題額正書字徑約尺餘

右額在藏山民國十四年愚以祠居飛崖樓左偏極為狹隘非崇祀之意今移文子三代祠西撰聯志之如左

公與趙氏本世家繼絕保孤論功應隆二義士

我為文子補報德移偏居正崇祀方慰三思人

藏山文子祠楹聯

勲名汗簡策讀來盡是青光怪得翠栢蒼松藏山不改千年綠

忠義炳乾坤積久都成赤氣試看巉巖峭壁返照長流一片紅

右聯缺年號人名惟就景就祠雙管自然特錄之

田季高水神山祠楹聯

水抱山環看檻外松濤萬派

鳥啼花落認潭心月魄三更

邑人田嵩年題並書在水神山道光甲午孟夏田字季高官順天府尹書法極秀

康孔昭縣署仙樓匾額

觀雲樓

道光間知縣康孔昭書正書字徑約一尺

右樓匾在縣署後民國十四年愚附聯樓後云四面雲山城郭外萬家燈火畫圖中匾篆老老幼幼取老吾老以及人之老幼吾幼以及人之幼之義廿年冬重至復附聯樓前云蓬島長春一樓楊柳桃園勝景半部搘揪紀實也

祁春甫文子祠楹聯

當日良臣崇相業　於今故土荷神庥

同治元年正月祁寯藻撰書正書字徑約五寸

右聯在西郭湫靈嵩寺左祁字春甫壽陽人官至大學士

盂縣造像録

孟縣造像録

知事王堉昌採集

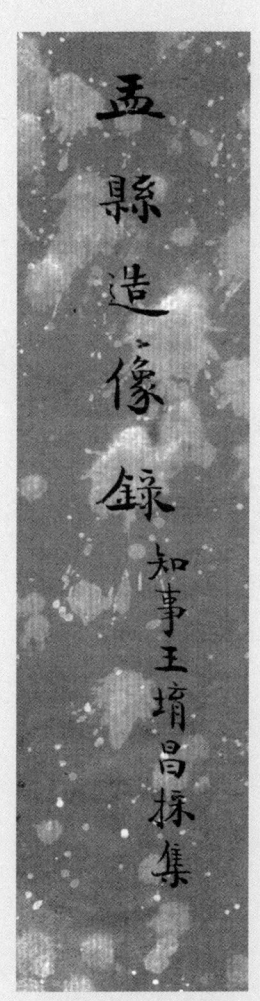

盂縣造像錄序

古有碑而無造像之碑有造像而無造石之像有之則自元魏始元魏太祖詔京師建飾容範太宗令京邑四方建立圖像蓋自漢明帝圖佛立像以來亦已尚矣至世祖信寇謙之之道聽崔浩之言以佛爲虛誕發寺僧之隱私詔誅沙門焚佛像禁造泥人銅人而佛圖形像遂爲之一廢高宗踐阼詔州縣於衆居之所各聽建佛圖一區任其財用不制會限並詔有司爲石像如帝身而石像遂爲之創鑿石窟於武州塞鑴建佛像高至六七十尺而摩崖造像乃爲之始自此以後造像盛行景明中造石窟於伊闕造玉像於荆山北齊後主亦於晉陽西山鑿大佛像此其著者其邑義道

俗捨財集資宏發心願敬造一區一龕鐫碑摩崖者不可勝計雖周武帝復因僧徒猥濫詔毀一切而隋開皇元年又詔造經像唐初猶盛李葉始衰至宋元而已微然究其文胥迷信之詞推其源亦風尚攸係考古勵今皆堪資助國萃所關尤宜保存但前代金石名家以事涉釋道罕有見録惟清王氏萃編曾採入焉近時歐美考古者不惜重價蒐羅而吾人反以不足輕重視之坐視數千百年之古物散軼於東西洋各國亦可慨已余不敏竊乘歷任公餘之暇效歐公集古之録以補前賢所遺以發續出之光曾於吾稷棲集三十八通於汾陽得四通至於盂而又得三十餘通盂山鄙俗淳保藏較易地近臺山禮佛當盛然吉光片羽亦已鮮矣爰

就所得繕錄成帙並附鄙見以就正於考古家輯造像錄

民國十四年重陽　知孟縣事王增昌

盂縣造像目録

北魏

楊子史等造像　明帝正光四年

武若如等造像　明帝孝昌二年八月

千佛寺摩崖造像　孝武帝永熙元二年又孝静帝興和三年

王平閏穪等摩崖造像　永熙二三年五月

東魏

豐樂寺員光門徒等造像　孝静帝興和三年十一月

豐樂寺造像残座　興和四年三月

興化寺高嶺諸村造像　孝静帝武定七年四月

景靈岳寺楊顥祖等造像　武定七年十一月

千佛池摩崖造像 缺年

北齊

邢多五十人等造像 文宣帝天保二年七月

小護村一百餘人造像 天保六年三月

董小胡等造像 孝昭帝皇建二年

晋城村邑義等造像 武成帝河清二年七月

興化寺造像 河清四年

鎮池寺李磨侯等造像 後主緯天統三年四月

天統摩崖造像 天統四年二月

劉金龍等造像 後主緯武平元年

大覺寺造像 武平三年

玉像寺造像　武平五年九月

隨

高平寺塔像記　文帝開皇十二年二月

權決洛摩崖造像　煬帝大業三年三月

張參軍摩崖造像　大業□年八月

唐

邢天護等摩崖造像　高宗咸亨五年八月又上元元三年又儀鳳二年九十月

左天保等摩崖造像　儀鳳二年

邢懷智范維等摩崖造像　元宗開元十三年六月

宋

仙人村造像　仁宗皇祐五年六月

盤闕石佛嶂造像　仁宗嘉祐四年四月　六年五月

金

文殊寺菩薩座記　海陵王貞元三年三月

元

元吉村石佛像　英宗至治元年八月

明

盂北村姑姑崖造像　世宗嘉靖二年

石佛村摩崖造像　缺年

魏楊子史等造像

大魏正光四年歲次癸卯□月癸未朔□□日

佛弟子□□□□□□□楊子史武□等□

□□□□□□□□□□子□□□□□□

輸□□□□王庭

□七世所生父母居

家眷屬□□共□眾

生□□□□永遠□

感惟妙□□□□悪

□年豐福生□侍佛時

像高九寸寬四寸半

佛弟子

武志如闕礼花　武全珎　武淩□
佛弟子武永度　武如　武□□
佛弟子武久度　武妙和　武妙如

右方石像二尊一高二尺二寸五分寬一尺二寸五分觀音一高一尺二寸寬四寸文字殘剥一高一尺九寸五分寬一尺四寸中有蓮座佛像一高九寸寬四寸半文漫漶不清正書徑六七分不等原在盂縣常家溝今存圖書館

按正光係魏明帝即位之五年即神龜三年幽胡太后親政後改元四年屬癸卯像傳由元吉村寺原上河水沖出此與後元吉村千佛碑同為一寺一時之物寺久不知何名像皆由土發

現片羽吉光缺自爲貴乃鄉人建小廟與孝昌年三尊並祀恐
古商偷售竟毀其文字惜哉

魏武若如等造像三尊

大魏孝昌二年歲在丙午八月十三日清信士佛弟子優婆塞」武

若如合門眷属五十八人造像三尊供養清信士女龎世」彭忈侍佛時

清□□□□□□□□□佛弟子儀亻𠯗扶佛侍時」佛弟子佘度

佛弟子天度佛弟子□琀佛弟子令丘佛弟子令和清信女僧姫

清信女雙姫□□□□□第一尊佛座三面

□齊姜佛弟子□榮祖佛弟子彔祖佛弟子□□佛弟子妙姫佛弟子

姿容佛弟子阿秀佛弟子□□佛弟子吒姿佛弟子悳姐佛弟子

妙容佛弟子顒祖」佛弟子妙娼第二尊佛座三面

佛弟子買女侍佛時第三尊佛座左面

清信士女佛弟子嶉婆」佛弟子息男顥明　第三尊屏風左側二行

右石佛三尊第一高二尺七寸寬一尺二寸半像坐高一尺六寸寬九寸半座高五寸寬一尺二寸半三面有字第二高二尺半寬一尺二寸半像立高一尺半寬五寸半座高四寸半寬一尺三面有字第三高二尺半寬一尺一寸半像立高一尺半寬五寸半座高四寸半寬一尺一寸一面有字行數均不一正書字徑九分至寸二三不等原在盂縣常家溝今存圖書館

按魏明帝正光六年胡太后復政改稱爲孝昌二年屬丙午優婆爲魏崇佛之號男曰優婆塞女曰優婆夷像列人名與正光年像相仿固知爲一時先後所造也

千佛寺摩崖造像

永熙元年四月八日王六浚造像一區上為皇帝陛下後為師僧父母行路諸人邑比衆生一時成佛上像三中坐一高五寸寬一寸半兩邊各站一高各三寸寬一寸

永熙元年四月八日清信士女□法姜王為亡夫趙需造像壹區後為皇帝陛下師僧父母行路諸人邑比衆生苦同一切厄難者一時成佛上佛二中坐一高四寸寬一寸左邊坐一高二寸半寬一寸

永熙二年七月十五日清士佛弟子張好郎造像一區上為皇帝陛下師僧父母下□邊地衆生合□抱識一時成佛上像三中坐一高五寸寬一寸半兩邊各站一高各四寸寬一寸

左折

千像主前趙郡太守嘉殷州刺史河間邢生興和三年六月廿日

段琜寶造　劉保興造　王造　王祈造　王口元　王小吴　王大女　王阿姐

右折徐州長史口景略

右寺在盂縣興道村南依西山磨崖造像亦名千佛山左右作罄折形高約丈餘

左面佛像二十一層上五層均二十二個下五層均二十九個中八層左均七個右均九個中心大像一座刻興和三年邢生造字徑九分左三層均二個右三層均二個又折而左二層上一層五個座均有文中七個中有文均永熙年造字徑四分

右面佛像二十二層上五層一二兩層均二十二個三四五三層均二十五個下九層一二三層均二十三個四五六七八九

六層均二十一個中大像一座字磨滅左八層均十二個右八層均二個又折而右上十層均十二個下十二層均五個再右上一層三個下一層六十個下缺頂上二十一個

以上共計佛像一千一百餘而中心大像尚不在內此外左邊紅石名硃砂洞上置小石像一方四面各一右邊石塊下置石像一方四面各一廊前左角有石塔三級六面八面不等各刻佛像均無年月至摩崖之上與左右石均殘缺不全則當時像之多猶不止此也距此像左八九步山半有唐開元時造像四座兩座各侍像二則當時寺之大當亦不止此也代遠寺廢殘像僅存鄉人建廊庇之而於唐時三座則仍畀於風雨中惜哉

像造於元魏出帝永熙元年及東魏孝静帝興和三年中間相距九年乃前薦紳先生誤以永熙為北熙年號臆為五代僭亂之時一見於崇禎年碑再見於雍正年碑以訛傳訛亦未之深考也惟查永熙元年係中興二年四月高歡立平陽王修改為太昌元年十二月改為永興旋以太宗年號改永熙是永熙元年僅十二月數日而石刻四月豈像造於是年四月而於改元永熙後像成追記歟抑距洛遥遠於二年三四月始知改元永熙鄉人不思即書元年四月歟殊不可解此像只興和三年邢生一像見於山右石刻叢編其永熙三像則未之及故併記之

永熙年三龕係邑男女各造之像文言邑北衆生又邊地衆生

足徵興道在魏為石艾縣（後魏孟屬石艾縣，齊隋猶併，開皇十六年始分置原仇，大業三年改為孟縣）之北邊，與定襄縣界連。改興道高嶺諸村碑又書定襄縣興和年千佛為前趙郡太守嘉殷州刺史河間邢生及徐州長史口景略等所造。查魏地志無嘉殷州，趙郡（領今元氏、高邑、欒城等縣）即殷州（孝昌二年分定相二州置，治廣阿）之屬郡，其嘉字當係假字之別，如前壺關等縣令後假瀛州刺史之例（見晉城村造像）。河間郡屬瀛州，清為河間府；徐州領彭城等七郡，治彭城，即清之徐州府也。

魏王平閆禰等摩崖造像

□□□□□　弟子王展區

襄肆州王紹女　坐像高二寸半寬一寸半　坐像高三寸半寬二寸

□□□□□　坐像高二寸半寬一寸半　邢國靖為□

永熙二年五　門一區所□□生母

中座像一高九寸寬五寸半左右立像各

月十六日　□道人曇亻　□仏亡□□□

北丘曇□　兄弟二人造　永熙三年五月十八

佛龕一高六寸寬二寸半

額造石像　像一區上為亡父　日□林寺道閆禰

龕上左右立像各二高三寸寬一寸半

一區上為　坐像高二寸半寬一寸半　造像一區上為七世

皇帝陛下　道人曇□□　父母所生父母合

又為師僧　兄弟三人造像　門大小所永如願
父母一切衆　上為亡父生母現　坐像高三寸半寬二寸
生一時成仏　□一切□生　亡弟昌貴亡
兄際酒王平　□□□□　弟你貴亡弟
弟王展□□　□□供養諸□
弟王施□
像右旁
弟子王椿□□□□□
右像二龕上一龕連座高二尺三寸寬一尺九寸下一龕二節
高一尺寬一尺四寸今在盂縣下莊石佛灣
按兄際酒王平考魏官氏志高祖太和中議定百官令國子祭

酒第四品上太樂祭酒從五品中二十三年高祖復次職令世
宗班行爲永制有二大二公祭酒第七品司州祭酒從事第八
品此石在世宗以後孝武永熙年當係二大二公之祭酒祭書
爲除亦魏書别體之俗習
前書曰襄肆州當係定襄縣查興道柴莊諸村在後魏均屬定
襄縣下莊猶在興道北據此尤可証孟以北原屬定襄

魏豐樂寺貟光門徒等造像

左側

大魏興和三年歲次辛酉十一月己巳朔廿三日辛卯豐樂寺比

立貟光門徒弟子造像壹區上為皇帝陛下後為師僧父母四背

口檀越无邊衆生壹時成佛幽宗玄秘娟弗鑒瞿哲杳徼暢由豪

超黙数潛功玄門不遠詣者之重昏去元難因涉者之類剖刊朝

蒙零像一千功成惻但廣東安吉化為大城其稱参比丘尼曇財

曇縢侍佛時比丘尼道行

祖司馬王妙祖親邢哈姜父王洛川母邢阿小　張曇詳妻王南

花息元珎　比丘道悦侍佛時　太原太守王令興妻邢神姫息

洛奴弟顯貴　長史邢延歡妻王女郎　比丘娟褨侍佛時

太原守郭勝妻王僧花為内外眷屬壹時成佛　王分氏姬衛文

馬零珎侍佛楊泭仁　新興郡功曹邢伏興妻王阿花息乾和

王零嚮侍佛娟勝昹侍佛佛弟子邢暢馬瓚　肆州刺史邢迎

謏妻娟阿花息邢怖弟洪貴　州都邢辨通妻楊寄女息敬娟夫

妻侍佛

前龕像左

比丘僧豫都南勘像主邢祖富

佛并七尊大小共一千尊

後龕像左

轉倫王主蘊暈

燕州燕仲龍葙

將軍夫妻侍佛

後額像下

鄭永侍佛曺水侍佛

北勘佛主邢僧比丘道廷侍佛時

後額像右

衰主并州刺史趙榮周

千象主肆州主簿馬道富

歷清業侍佛時

右碑高四尺七寸寬二尺五寸厚五寸半側面正書各五行行二十七字徑一寸大小像共一千尊今在盂縣興道村程子巖上

按興和為東魏孝靜帝年號時魏已衰造像猶盛碑前後像愈千數石尚完好盂人以碑所在之岩傳為程子講道處不知原

為魏豐樂寺程外祖侯道濟勇可皆盂儒家蓋當時設教於寺二程首親曾講學其中後人仰賢易名遂至數典忘祖碑書并州刺史肆州主薄燕州龍耜将軍太原太守新興郡功曹羸州刺史等名攷魏并州今晋陽領太原郡肆州治九原即今忻縣羸州當係瀛州領高陽河間章武等屬新興郡在晋屬今忻縣地魏屬顯州燕州則魏地理志未列以東燕州証之則太和中分恒州東部置燕州孝昌間陷天平中寄治幽州宣都城魏書地形係據武定之世為志不知則闕據此碑可補史闕燕仲當係燕鳳之族鳳字子章代人道武帝時歷黄門侍郎行臺尚書見魏書及山西通志代與盂亦相近也至刺史太守功曹主薄皆與魏官制合

惟龍箱將軍不見於志查箱音襄當係龍驤之别姑記待考

魏豐樂寺造像殘座

口口　興和四年　歲次壬戌三月丁卯朔廿三日邑儀卅四人造弥勒像壹區上為皇帝陛下後為師僧口口口口　後缺

右像座高二寸五分寬七寸前面共七行行二字正書徑八分左右面各殘數字後面上下齊缺原在孟縣興道村程子巖現移存圖書館

按座書歲次壬戌與興和三年辛酉考之當是東魏孝靜帝興和四年其書法與興和三年貟光門徒等造像同且均在豐樂寺故確定為興和四年惜左面缺三行右面缺兩行像與後面俱缺而未得窺全豹然亦足為考古者之一助因附録之

興化寺高嶺諸村造像

唯大魏武定七年歲在已巳四月丙戌朔八日癸巳肆州永安定
襄縣高嶺以東諸村邑義道俗等敬自十方諸佛一切賢聖過呂
善生遭季運前不侮釋伽魏興後未遭弥勒三會二聖中門日有口
歎梵有願共相要約建立法儀造像一區平治道路刊石立碑以口
之功上為　皇帝陛下勃海大王延祚無窮三寶礼隆累級暗德口
世父母現存眷屬後願生生之處遭頣遇聖値佛聞法常脩善業口
至菩提誓不退轉祇法界哈生同使此亂一時成道
口沙門都僧觀　廣武將軍煝道善　馬寶瓚　趙沝珎
梁寺曇高供養　廣武將軍邢阿平　邢溥慶　祀口建

比丘法智邑子　厲武將軍李洪賓　邢洪達　邢發口
比丘曇遅　厲武將軍何法安　王阿叱　張悪楊
比丘道略　厲武將軍霍元欣　邢阿海　邢伯尚
比丘貞紹　厲武將軍楊神甯　王仲顯　何曇貴
比丘僧貝　厲武將軍鐔九眞　王孟遷　霍僧口
比丘貞僧　厲武將軍劉顯仲　邢曇尚　趙海羨
比丘惠果　曹士都將鐔伏安　趙海貴　李時賓
比丘智超　王阿賓　馬延觀　殷僧榮
比丘智口　賈祖仁呼延清郎　王洛德

後面

像主盲除宜陽令河間陽翟二郡太守口劉發仁

肆州州都□縣領□别将殷州司馬鐔思祖

左傍

趙惠義供養　鐔道郎供養　邢洪業供養

劉頭察供養　楊神海供養

右傍

前州督府户曹參軍東防畧

山都督鷹武将軍楊神帍

邢善見　娟觀義

右碑高四尺寬一尺九寸五分共一十八行行二十六字徑八

分前後額造三佛像原在盂縣興道村興化寺現移圖書館

按武定係東魏孝静帝興和四年後改元年號碑言肆州永安郡定襄縣高嶺以東諸村查北魏真君七年置肆州治九原今忻縣有肆州故城領郡三永安其一永安領縣五定襄其一定襄原不一地北魏定襄即在今縣興道西北有高嶺碑言高嶺以東諸村則盂以北在魏屬定襄又宜陽令屬義州宜陽郡興和中置陽翟郡屬鄭州天平初置武定七年改治潁陽城河間郡當係屬瀛州太和十一年分定州河間高陽冀州等置殷州係孝昌二年分定相二州所置領趙郡鉅鹿等郡又官氏志厲武將軍從八品四五品正從將軍長史司馬係正從七品五品正從將軍録事功曹戶曹倉曹中兵參軍事係第八品永安後

復立州督故有州督府戶曹參軍渤海王即高澄（武定五年襲封）亦足見高齊之漸矣三寶禮隆據釋家言三寶重佛不墮地獄重德不墮餓鬼重僧不墮旁生沙門亦曰桑門譯言息心比丘為行乞皆佛家名見釋老志此碑載山右石刻叢編闕後與左右銜名

靈岳寺楊顯祖等造像

大魏武定七年歲次己巳十一月壬子朔廿五日甲戌刊記
夫無始以氣遵崇聖跡過去現今未來三世尊度躬宗闕聞三寶
然以肆州永安郡定襄縣檡株嶺西道俗之徒卅餘人自云住弗
殖福不遇正法生逢季運詳心向契發弘大願敬造釋迦像前後
兩𠥓左右觀世音各二菩薩復置二百五十清淨行佛上為 皇
帝 陛下輔相惟貞紹隆万代四境清夷干戈寧息累劫師僧十
世父母眷屬因緣先已跡真長生淨土現存慶穆永利苦難降及
一切壞識有形俱登正覺
比丘曇觀 邑主前尉太保開府行參軍楊顯祖

比丘道娟　中正李顯遵　邑子娟恕貴　邑子鐔曇明

比丘靜意　中正張別將　邑子馬顯仲　邑子秦惡毦

邑師娟池　唯那馬明解　邑子馬敬歡　邑子張榮祖

比丘超璜　唯那周廣安　邑子周遵華　邑子楊黃奴

邑子王僧坦　邑子張野鳳　邑子王元景

比丘貞遵　邑子楊顯明　邑子高□仁

比丘曇紹　邑子楊思義　邑子馬洪檷

比丘娟能　邑子王洪仁　邑子王黃頭

比丘僧遷　邑子楊神海　邑子王洪檷

比丘惠興　邑子周令禎

清淨主安南將軍奴口口縣開国子恒州貳合縣人張元遵

後面像旁人名十行十二層

一行 弟子楊興　比丘洪遵　二行 佛弟子楊令寶邢　男光

女黄昭　女醜寶　弟子洛嬰　弟子都僧

弟霍温姜　息僧功　息僧歡　三行 故人趙廸軍

妻劉貴容　弟子楊慰顯　比丘僧景　弟子王法興

四行 父王衆仁　母郭阿容　息道鑒為父母　弟子張道義

妻王醜女　弟子楊洪纂　弟子馬令安　妻邢元容

息女阿女　息大醜　息女小醜　妻呂王

五行 弟子楊僧　妻口女　息向楷　息四焦

息神傈　六行 弟子石人凡　息妻馬僧　弟子王永遵

弟子馬洪　証妣醜女　弟子娟元資　故人智陵美

七行 弟子楊汝洛　妻潘阿共　女景消　弟子馬口

妻趙愛兒姜　永安太守　酈益洛　八行 弟子周保

妻張醜女　息道華　女熙暉　郝暉

孫永貴　弟子孫世安　口口郡功曹酈道登

九行 弟子王願興　妻閻姜女　弟子霍洪敬　弟子王五如

弟子周震栢　妻閻洛瓶　息永安

上節像左　大像主歷品和

菩薩主王道鑒

上節像右

菩薩主鮮于安和

東防都将智天德
弥寝将軍王㥁貴　天王主王
中兵将軍鮮亐安和　天王主楊顯明
邑子王道鑒邑子南陽人樂季和　天王主楊洪慕
碑中節像旁八名十行四層
弟子王山花　弟子馬全仁　妻趙口口　弟子馬要勝
弟子高永洪　弟子馬永容　弟子閻戴貴　女楊妙暉
祝阿縣令楊轉妻霍法光　息楊思義　息楊令義
前石城平城榆次三縣令智延欣妻王山花　息思伯善口
弟子故人王永妻霍洛容　息道奴　弟子霍席
弟子故人李伏奴妻杜阿令　息顯遵　妻劉光　孫明祖

比丘曇會　定襄令張世生息景和　妻唐羅花

弟子周文　妻焦明信　女容暉　女郡暉

安陽北平二縣令王俊妻馬定姜息惠音　女進好

弟子故人馬他女樹花　弟子歷年　女故人何僧姜

上節像左

南面大像主王僧坦上為七世父

母所生父母因緣眷屬侍佛

菩薩主扶風太守馬從奴

菩薩主石城平城榆次三縣令智延欣

上節像右

大餐主主厲武將軍肆州府戶曹參軍東防都督楊神席

香火主前別將佑遵義

（左側像旁人名四行十二層　一行）

昔洛令高保生妻楊香女　定襄令馬安興　妻王口光

女浄暉息妻王口弟子楊道覺妻邢花容　息洪景

弟子張令賔　弟子高神洺　（二行）弟子趙三仁　鮮于佰葉

弟子馬顯仲　王買女　弟子王道科　妻趙朎資

弟子王浄妃　（三行）揄次令鐔貴　弟妹王阿醜　弟子鮮于躍

弟子李祖遷　弟子許景遷　弟子王仙崧　弟子王悦

妻馬僧資　弟子王貴　妻張道女　息阿杈

（四行）故人王顯　妻張璘姜　子王合之　妻邢僧妃

弟子娟海略　弟子王安晢　王男軍　妹原暉

妹令暉　弟子王貢妃　弟子王巧妃

上節像左　大像主楊神海　菩薩主馬顯仲

右側像旁人名四行十二層

一行　弟子馬悅　弟子荣世口　比丘尼靜恵　弟子楊男妃

妹容妃　二行　比丘曇梜　弟子亢仁　弟子李中致

弟子郭法昭　妻輔華容　息元和　息安和

息蓮和　息曇和　倉曹參軍樂賔　三行　西面大像主口

州北面口口口　女輔戟　女都口口仙　口口逺狗

四行　弟子霍保貴　妻趙荷娼　息雙敬

上節像左　菩薩主馬他妻郭桃花

像右　菩薩主清信女王山花

右碑高四尺一寸寬二尺一寸厚七寸七分共二十六行行二

十三字正書徑七分前後兩側共像二百五十六尊像旁人名一百八十五名上節每面造像三尊原在盂縣柴庄靈岳寺現存圖書館

按魏官氏志諸開府正參軍從第五品下行參軍從第六品上神麚元年十二月詔諸征鎮大將依品開府置佐吏楊顯祖蓋前太尉大保開府之佐吏也弥寇將軍當即殄寇將軍與中兵參軍皆第八品開國縣子屬第四品中正即九品中正正光元年罷郡中正後復惟安南將軍東防都將東防都督志均未載據此可補史闕至祝阿縣屬齊州太原郡安陽北平二縣屬各不一石城屬秀容郡平城屬代郡榆次屬太原郡恒州貳合縣

當係梁城郡之參合縣屬恒州天平二年置恒州寄治肆州秀容郡城皆與史合中多智姓當係智伯之後樸株嶺樸字似係檫字魏書多别體今有檫株嶺在柴庄東北之宋家庄一帶或即此歟

千佛池摩崖造像

池右崖坐像約高三寸上下共二十三列每列二十二像下十三列不全年月人名均缺

又左有立像一約高七寸右刻比丘願宜造觀世音像一區仰為亡父現在老親及法界衆生一時成佛文左行年號缺又像二尊約高五寸人名均缺

池左石門外三坐像約高尺餘均無文

池右佛洞右小坐像約高三寸一方僅留二列字不顯一方留一列傍刻邑子鄭□男又一刻□□卩士彥邑子□□

右像在盂縣北百泉溝六師辿相傳有六羽士入洞成仙洞在

山腰人不易至山形如屏風而色碧亦名碧屏山中高而闕抱左右有兩峯前峙俗名東臺西臺中腰懸崖下建玉帝廟後有池水寬深近丈即千佛池有明萬曆四十七年重修廟碑左有裂石成門迤西右角有佛洞明正德年碑云造石佛三尊現皆泥裝莫辨惟一尚漏石質傍塑觀音護法伽藍及六師小像六師無名亦不知何年清初邑人武石菴重修廟記謂相傳爲唐代然以摩崖造像觀之與千佛山興和年造像相同當係魏齊間物則六師之傳亦不止自唐始否則造像在前而六師在後原名非六師嶂耶年久無証姑以缺疑以造像列於魏末

齊邢多五十人等造像

夫乾以振標遂通三裁需像告徵廓有開闢覆載潤流秦孳犁庶是以天生之民樹之以君非君無以里其民非民無以顯其君聲動響應今故相承是以干戈震動出自非今堂堯至聖尚致阪泉之師周武之化忽興不期之祿是以黑太逋寇假息開龍侯景祆扈苟存江佑鼠竊之徒敢闚問鼎今我大齊格天心如承主廓四海以為居坐太極如壽禪閣与帮如同符魏〻乎以白日如並光堂〻如無能名焉若用梟禽二寓必如指掌未即誅勦寬待歸順是以廣口響豪立為督將弟相部鎮坊茲醜豎邢多五十人等昔因封而居子孫畱偶今在肆土為人領袖其人可謂天資桀邁幹

鮮明拔圓弓連闘飛刀接刃爲帝所知呂國抓□武藝之士實自
孤絶一時[illegible]蹇酋勇烈難量者哉遂在合州莅弘大嶺〻令軍侶
行還建□像一區經營尋就譖曰期福咸□莪上能令　皇祚遐
□業化清熙澤治九區恩過八極後令先上現在合情能秦同歸
妙境
維大齊天保二年　歲次辛未七月壬申朔十五日丙戌定
襄縣佛弟子邑儀等　邢顯珍　邢阿買　劉顯業　王廣季
張鍾葵
郭敬息　趙文　趙僧達　李元逢　邢清仁　馬洪賓　王超仁
邢伯尚

尹顯達 王天和 鐔伏口 邢思祖 邢曇尚 邢子口

靳合鳳 李洪郎 王阿矩 李阿悦 劉顯仲 邢阿桃

鮮顯口 口口宜 劉道義 耿元安 趙秀珎 口法珎

上節像左

口口吳安貴趙口忠

唯那趙顯珎劉仲賢

唯那邢阿口王景邱

中正王惠珎馬景祚

中正馬顯和邢洪貴

邑主邢惠貴張匠

邢伯觀

王洛奴

李令智

賈寶遷

像右

邢僧霞

邢迴貴

口伏洛

戈僧英

唐文廣

趙惠儀

李令智

趙道儀

邢曇廣

邢洪遷

邢口貴　賈阿海
智貴顯　劉永珍
碑陰北面像主邢伯尚

右碑高四尺三寸寬二尺一寸首像三下文共二十一行行二十二字正書徑八分碑陰刻塔一下龕上圓三級頂尖而高龕中刻坐像一龕外左小立像二右大小立像各一原在盂縣興道村今存圖書館

按碑文多俗体別字如三才作𢦏蠢孽作蠢黎庶作犁理其氏作里唐堯作堂阪泉作湶不期之旅作𧙚楊大眼造像記作𣲎通冠作殺闕隴作壟跋扈作𢬘扈江右作佑受禪作壽蕩蕩作堂堂梟擒

作禽防茲醜堅作坊武藝作武𢧂塞當是偃（劉碑造像銘作偃）能奮當是屬皆魏齊之陋習至黑太即宇文泰小字黑獺亦作黑泰此省作太斯時宇文泰據關隴立文帝為西魏號大統碑立於天保二年辛未七月為北高齊高洋受禪之二年即大統十七年梁大寶二年（八月為豫章王天正元年）是年春宇文遣楊忠攻拔齊河南是冬侯景（叛東魏歸梁）稱漢帝故云鼠竊之徒敢闚問鼎二虜即指黑泰侯景皆與史合惟阪泉之師係黃帝見史記文誤屬堯又言廣口鄉豪立為督將坊茲醜堅邢多盖亦鄉應之豪封於肆州故云今在肆土為人領袖惜後未列其銜名而僅於文言其豪勇一為帝所用耳後列定襄縣尤足証盂之北於齊仍為肆州定襄

屬地盂之邢姓當其流裔

齊小護村造像

口口口口口緣證感以𦍒照法性口口口口口口口口理故穀口
口口開亡口蕟募老口口湯火口口口口口功不口香口潤生
之澤口口諸口無常盛衰口口口沿化既同遷神口影而口波石
口成而口想難覩自口口後形像流世罕知口那不口念念相權
日月移行知惡是敗善是滅罪之源是以河北口信仕佛弟子蕪
硤胡李迴洛許解愁杜智戍泰業營傅金照暢伯妙鄭女敬陶要
賜任居鳴口川小護村新舊異姓一百餘人等以敦孔懷遂合邑
義蕟弘大願敬造口佛像一區并諸侍口口操岩前山水工外口
畫彤鏤之奇能窮口摹之異口卅二想超然獨輝八千種好騰珠

藍而口口又曰斯善果彡鎊已就上爲　皇帝陛下國祚寧泰千
乇揭歇有頼累世口會經管三口早令成口有頁七世父母託生
弥陀口生兜率現存眷屬四大常口永口諸趣口爲邊地衆生尌
形业頒含靈抱識咸成三口口口以奇功未勒妙跡不傳敬潭碗
琰垂申言竭　其言曰夫以至道幽深澄絶言憲䓀動應幾而作
奚執之口而然皀義等口是悟練玄宗承綱曠速託染世樹入門
並口口口口音建崇靈塔畐象異端妙官天室刊石炳章口口秀口
條口人名銘之千載欲使後賢有仰羨之風口口口無窮之美令
口口情略記云尒　唯大齊天保六年
右稜
歲次乙亥三月辛已朔廿日庚子記

左積

都中正河北都将馮其憲撰頒文并口

上節左像人名五層五行

像主張德興　像主張天文　像主張文口　像主口口口

像主義口口　像主許由汪　像主曹信妃　像主馮懷礼

像主耿天口　像主許口口　像主刷生和　像主王女之

像主秦口仁　像主楊延繩　像主馮永口　像主馮高憲

像主口口長　像主許口口　像主苗思路　像主許士珎

像主馮僧戚　像主曺玉仙　像主口口口　像主曺口文

像中間二行

口齋主馮安仁堂主姜口口堂主馮口奴堂主曺安仁

齋主妻洛全生　女銘　像主田曹泰田氏馮口人

上節右像人名五層五行

像主馬大　像主李迎洛　堂主口口　像主秦珎妃

像主張娥妃
像主权先花
像主許□仁
像主馬□洛
像主□□□
像主曹天□
後面下節
□□□□
中正李廻洛
中正許解愁
唯那杜智成

像主傅金照
像主□□□
像主耿□□
像主□□女
像主馮□□
邑子馮僧慶
邑子曹慶龍
邑子馮元禮
邑子曹保珎

像主馬洛花
像主許奴女
像主□□□
像主□朝□
像主將雨花
邑子郭允顕
邑子馮保買
邑子趙保和
邑子李買保

像主□□□
像主□□□
像主張夢娥
像主張昭□
像主王先洛
邑子□□□
邑子□□
邑子苗□
邑子□□□

唯那秦業営　邑子張神興　邑子李子珎　邑子薛阿花
邑子馮延慶　邑子李玉□　邑子蘊伯周　邑子□余□
邑子張□仙　邑子許顔儁　邑子馬之智　邑子蒯五□
邑子馮穎□　邑子馮懐禮　邑子杜之欄　邑子□奴女
邑子□舍慶　邑子秦方儁　邑子張元捺　邑子吕□□
邑子許羅雲　邑子秦阿如　邑子尚□良　邑子智□□
邑子□興和　邑子耿□□　邑子侯□□
施地主李寄□　邑子□□□　邑子薛□貴　邑子侯惠□
中正傅金昭　邑子嚴永□　邑子曹□香　邑子王□□

中正暢伯妙
唯那郭女敬
唯那陶要賜
邑子馬要洛
邑子郭伏敬
邑子輩扶容
邑子胡阿曲
邑子□先容
邑子侯卯女
邑子婁阿毛

邑子李敬好
邑子楊惠花
邑子田女勝
邑子牛先光
邑子王先洛
邑子孫銀勝
邑子張娥妃
邑子王思仁
邑子馮義姿
邑子秦□姿

邑子曹玉妃
邑子彭洛容
邑子□□姬
邑子王□女
邑子馮阿照
邑子董銀好
邑子高□□
邑子□□□
邑子□□□
邑子□□□

邑子馮業韶
邑子□□□
邑子郭□□
邑子王□陽
邑子嚴□□

邑子□□　邑子傅法容　邑子苗□□

上節左像旁人名五層四行

像主□□□　像主□□□　像主□□□　像主□□□

像主馮始　像主陽蛮玉　像主□□□　像主□□□

像主郭□□　像主馮明國　像主□□□　像主杜玉生

像主張□□　像主馮讓國　像主□□□　像主□□□

像主知□□　像主秦保□　像主□□仁　像主王□洛

像中間二行

□□像主李洛妃

□□□□佛□□僧戒□□主□□□

像主馮敬人　像主于敬　像主晉□勝　像主吴毛林

像主□□□　像主□□□　像主□女□　像主雷□姜

像主口口口　像主口口口　像主口口口　像主口口口

像主口口口　像主口口口　像主口口口　口口口口口

口口口口口　像主口口口　像主口口口　像主口口口

左側像二尊像左

口世像主張思顥　口世像主曹令口

像右

像主清信女楊口口　像主清信女翠扶容

下節

北面右阿難主許洛儁　口主李思真

都管主口前周

都口主曹敬龍

香火主楊春行

清淨主口口口

南面左像菩薩主馮□□
右側像二尊像左
□□□主□□□
像右
□□□□主郭□敬
下節
南面右相菩薩主李和用
東□像主魯阿妹
北面左相菩薩主張全洛
後棱
像主河北都督曹刂龍
右碑連額高四尺七寸五分寬二尺一寸共二十一行行二十
一字徑七分額前後大像各三尊大小像共一百尊今在盂縣
小湖村泰山廟

按此碑為高洋天保六年較邢多一碑後四年邢多碑在興道村時屬肆州永安郡定襄縣此言河北佛弟子及住居嗚口川小護村云云考隋書北齊無地志其地與官多沿魏制隋初沿齊盂屬太原郡後齊置并州開皇二年置河北道行臺斯時尚非河北惟河東郡有河北縣注舊置河北郡開皇初廢有砥柱山傅巖蓋今平陸縣地在黄河之北其即此歟據文住居嗚口川小護村新舊異姓等以敦孔懷遂合邑義發弘大願數語玩之則係河北人居於小護村與小護人共造此像也後列銜名河北都將馮其憲及河北都督曹兆龍皆官於河北者非小護村為河北也嗚口川即烏河川今西區一帶猶號烏川以沿流烏河也唐置烏

河縣此時小護當屬陽曲（後魏陽曲屬永安郡復治故城即後漢末移陽曲於太原縣北四十五里之故城其陽曲原故城舊唐書謂置定襄縣是也）以隋開皇六年改陽直十六年改汾陽分置盂縣（即大祁城今大盂川）大業初省入汾陽改石艾分置之原仇縣為盂縣（即今縣治）唐武德三年置烏河縣（今凌井一帶）貞觀元年始併入盂也又隋書北齊官制郡中正視從第八品前鋒散都督及備身五職（注云都將別統軍主幢主）為從第七品當即此都督都將此碑列撰文人名亦魏齊碑異例文言建崇靈塔則不止造像小護今傳易為小湖碑未見採於何編傳由廟左掘出亦後出者

董小胡等造像塔

口大齊皇建二年歲次口巳九月甲口朔廿一日口口弟子董口

口為啚口敬口浮啚三塸上為　皇帝陛下口七世父母口口父

母內外因緣眷屬口長者口天口口受口哈口口口世渇蒙口口

口從口丁未口口口口口口口光口口口董万彐子口董口口

口口口口口口口口口口弟子董口口弟子董口口弟子　欠口口

口惠洛口口口口口敬口文名口口口口口

像主董若男僧口口祀口　南面像左

上節

像主口口口　北面像右

中節

口口口口　北面像右

下節

浮啚主董小胡　東面像左

像主郭妃容　像右

像主孫阿定　北面像左

右塔三級上級高九寸寬一尺像各高五寸中級高一尺寬一尺二寸像各高六寸下級高一尺四寸寬一尺四寸像各高七寸三級均一面二像餘三面均三像像面已漫漶不清左右像旁人名字徑七八分不等座高四寸七分寬一尺七分兩面文共二十九行行五字徑七分原在盂縣中社村府君廟現移存圖書館

按座書大齊皇□及歲次□巳九月等字係北齊昭帝演皇建二年辛巳是年十一月湛立稱太寧元年此係九月猶稱皇建與史合文多漫漶不能讀惟董姓人等為父母造浮圖則可見考浮圖即藏佛舍利之塔一曰佛圖魏高宗制州郡縣各聽建

佛圖一區是也文帝皇興中構三級佛圖即此權輿蓋圖佛於上故謂佛圖從一級至三五七九不等然統曰浮屠亦曰佛陁皆譯音也盂邑三級者如興道村千佛寺及千佛坪與此有三其上社宏濟寺與興道西北寺溝及千佛寺各有一級蓋已殘毀不全千佛寺三級像圖而餘皆方惟此有年可考故錄存

齊晉城村邑義等造像

夫真聖天心而常照耀照而无口應感在緣緣无應口是以大齊河清二年歲次癸未七月癸亥朔十二日之口晉城村邑義等敬造石交龍碑像一區仰為皇家祚隆万民後為曠劫師僧父母已身眷属六趣四生合性之口當顯口或身之口晦悟寺林和口口登先首千聖同福一時成佛儀

帝釋主　前郡功曹首假新興太守邢珎供養

（下節）

比丘惠朗　首前善無壺開二縣令後假瀛州刺史邢安貴

齋主宋法貴　首假光州東陽太守楊顧進供養時

香火主　前安定王忠正首假武定太守邢輔供養

清淨主
四帝主
中輪主
都維主達惠
高生主邢男姫
大輪主邢季有
唯鄃邢阿買
惠□盧盡悳
□□邢天悅
唯鄃邢勝得

百倣馬頭大守邢道文
百倣平厡縣令娟鍾癸
百倣蕟干縣令邢少貴
百倣平陽縣令宋寶貞
百倣陽邑縣令娟季寧
百倣原平縣令智道豫
百倣五泉縣令霍龍仁
百倣蒲子縣令邢阿和
百倣南兖州新蔡太守劉可羅
百倣沛郡太守邢□貴

唯鄃邢元洪

唯鄃邢□悦

佛弟子邢曇達

碑陰

□□□　邢長□　邢長遷

王益□　邢静業　智士遷

智□均　邢子歡　壼暈福

邢醜奴　邢格奴　邢羊頭

邢阿女　邢子昇　邢子朱

邢阿海　邢子泰　邢七頭

邢阿醜　邢子酋

邢永遷　邢鮮光　蔣進達

智元海　智子頹

邢阿買　智元軌

邢羅買　酈阿泰

邢遥遷　智子賢

趙世文　邢枚遷

邢鮮宗　宋思和

邢思悦　宋同虒

壷寧秋　宋婁虒

口洪仁　宋醜頭

邢政仁　馬子華

智景阳　霍奴子

邢平口　趙都口　智曇謨

邢口都　智口洪　智口口

口王口　口口口　口口口　邢口口　王如哲　邢思和

口智口　口口口　口口口

百口口太原郡中都縣令邢寄奴

百徵北豫州廣武太守邢元顔供養仏時

倉曹參軍邢元口供養仏時

口口馮道口供養仏時

至正五年十月吉日　檀文郁　陳福　檀君美　邢成　陳栢榮　王君祥　田文玉　復立

右碑高約四尺五寸寬一尺九寸上節文十七行行七字正書徑七八分不等碑額兩邊交龍中坐佛像一座下三行平書口鄉口邑口寺六字徑八分今在盂縣宋莊村龍王廟

按河清爲北齊成帝太寧二年四月以河濟清改稱二年係癸未碑列銜有前某縣令旨假某令守考後魏明帝神龜元年詔京畿百年以上給大郡板九十以上給小郡板八十以上給大縣板七十以上給小縣板諸州百年以上給小郡板九十以上給大縣板八十以上給中縣板孝靜天平三年遣使者板假老人官百歲以上各有差齊天保九年七月給京畿老人劉奴等九

百四十三人板職各有差皇建元年詔諸郡國老人各授板職又隋書吏部奏可即出付典名以名帖鶴頭板送往得官之家有板正板行參軍等名凡板將軍皆降除一品是板者吏部授官之具給板者蓋賜老人假郡守假縣令也碑書前者已歷之官旨假者即奉旨賜老人之官也考魏書新興郡屬頴州善無縣屬恒州善無郡壺關縣屬并州上黨郡瀛州領高陽章武河間三郡魏無板假刺史之例豈齊特創歟光州領東萊長廣東牟而無東陽武齊後置歟武定郡於武定年置屬寧州寄治汾州介休城馬頭郡沛郡皆屬南兖州天平正平中陷復而武定七年改北徐州為楚州亦領有馬頭郡沛郡當即此歟發干縣

屬司州陽平郡原平縣屬肆州雁門郡蒲子縣屬永安郡平陽縣屬晋州平陽郡（清平陽府）陽邑縣中都縣均屬并州太原郡五泉縣屬華州澄城郡武定七年復新蔡郡屬東豫州而碑列南兗州豈齊改屬歟北豫州有廣武郡皆與魏書合魏地志係據武定之世齊襲武定之後故仍魏制碑列晋城村當係宋莊之原名時宋姓僅四五人而後族延多致改村名元至正五年復立已多檀姓今檀姓甚盛村隨族轉亦屬無常

興化寺造像

新建中闕頁中闕内中闕田中闕萩中闕十中闕□中闕史之□風□曾中闕扶中闕□
大亍中闕堂中闕□□山明□中□州上□□□□工□弟中闕土中闕丆
□□□八伲和中闕□一中闕日中闕卩中闕上中闕永中闕於□□乂中闕氏中闕
州中闕□七世父□□中闕曰□中闕中中闕□□□池□□□氏□□□
吐□□□□光□□中闕甲□□
大齊河清四年

右碑連額高約四尺九寸寬二尺二寸上節造像一像左篆四字漫漶像右篆雖聖龍觀四大字徑二寸三分中節造像七層均高一寸餘下節文二十行行三十字正書徑七分左右側造

像各　碑陰造像共　尊今在盂縣興道村興化寺

按碑字磨滅不能成辭惟大字河字四字尚顕以河字考之係

大齊武成帝河清四年以□聖都觀四字觀之當係原日觀名

像面雖剥而身猶全較之後元吉千佛碑上下無文及大烏紗

千佛寺碑左右掩闕尚有年可考物亦有幸有不幸也

鎮池寺造像記

唯大齊天統三年四月十日佛弟子李磨侯敬造鎮池寺一所石佛像釋迦一會以報前願皇帝万歲太保千秋文武百寮常居禄位　佛子李磨侯　佛弟子李趌侯　佛弟子李顏中

右碑高一尺四寸寬一尺一寸共六行行十一字徑一寸二分今在盂縣城北二十里長池鎮南村鎮池寺

按北齊後主緯改元天統據帝紀天統二年八月以大司馬任城王湝為太保三年八月以任城王為太師斛律光為太保此在四月則猶為任城王是年又拜為并州刺史見本傳是其成德著於并氏時盂為石艾縣屬并州然亦係沿高王於魏末丞書之舊習矣

鎮池寺在長池南村鄉傳寺基爲水池村中流水聚池不溢以此寺鎮之故名據碑則鎮池之名自北齊已然寺與像均造於李磨侯惟魏以來造像皆書一區即軀之省茲言石佛像釋迦一會又一異例豈像聚多不止一區歟惜像殘闕僅文一塊書雖不佳古已可貴清光緒間有盜賣者村人截留嵌墻紀顛末於周圍亦頗知保重矣

北齊天統摩崖造像

唯大齊天統四年二月三日清信士佛弟子甯龍為父母并夫妻二大願造斯像一區已過父亡現在眷屬居時成仏

此像在盂縣城西段家山村赴諸龍山之溝北摩岩龕高約尺五寬約尺一中坐像一約高一尺左右立像各一均約高七寸面均剥落右書文五行行各八九十字不等字徑約三四分不等龍字上形似甯字下形似為字毋字下形似半眷字夫字下

形似發字居時成佛當是俱字白爲居以後已過父母現在眷屬証之當係眷屬然夫字尚顯此豈鄉婦之崇佛者天統爲北齊後主緯四年造故録之

北齊劉金龍等造像

口邑口道口口邑口菖口 比丘道惠 邑子口蕙善
郭世口地王 口口主姚口邑子馬祖廻 邑子劉光山
口口伋口文伋中口馬法樑 邑子口顯湧 邑子劉導義
郭舍口口二口 口慶孫 邑子劉遵德
像主劉金龍 口海湧 邑子馮元湧
口口口思口 口連口 邑子王超勝
口口口口口 口珎周 邑子郭超本
口口口大齊武平元年 張口子 邑子馮登湧
口口口口口庚宀口 伋口口 邑子漛茂口

口口口口口口口口口
口口口口一日上口口
王口口口口帝中口口
口口口口口
口下口口口
丘口口口口
口口口口口
邑共口口口
河口口口土
羅吒為父母
大口王主口
口口迎江口
供養主馬耒延
口口主口口口

邑子澲珎國
邑子任顯口
邑子郭法经
邑子口方口
邑子江口興
邑子王湨買
邑子任張山
邑子張子高
邑子趙苟子
邑子郭口湧

碑陰

口口口董山貴

延葉像主趙待

惠福為亡文佛

桂口像主馬元

女息生邕侍佛

武像主宋元

武為亡母侍佛

浮啚口口口閑主馬海儁

像主妃惠口口主口興口口

為祖父母口口口口興口口

口口口口口口口口口口

邑子趙口業邑子郭伯口

邑子郭文韻邑子郭口口

邑子趙廷超邑子張景口

邑子王神代邑子趙供口

邑子郭崇口邑子李并州

邑子馮子口邑子口景苟

邑子口超口邑子張口口

邑子口口嵩邑子薛口口

邑子口口口邑子薛賜口

口合門法吴口為口口時口
題登正覺齋主郭興口口口
齋主口阪口題
大光像主師延
口為父母口佛
口口像主馬口
王鳴義為父母
口口哈像主趙
馮江為父母口
清淨主口口口

邑子口楷畔
邑子口口源
邑子郭延賔
邑子秦口題
邑子薛集花
邑子薛珎蹟
邑馬馬保明
邑子趙光穆邑子蔣口口
邑子馮英湯邑子口口口
邑子口口口邑子口口口

右側

无量長像主口　邑子口口

景琛為祖父母　邑子趙保

口阳梅琢口口　邑子王亻

妣口口為祖父母　邑子口口

口月主口口口

右碑高二尺六寸五分寬一尺六寸五分共十九行行字數不一徑七分額前後各造像七尊原在孟縣凌井鎮廣覺寺現移存圖書館

按碑像殘文剩惟大齊武平等字尚顯以庚字考之當係後主緯武平元年庚寅

大覺寺造像

蓋聞□至□□遂□□□□□□□□非指人何能□其法□□
無以釋迦如来種□□洛勒□□走□山□品之心釋道□□□
□群□□□□弱異解石□□□□□□□□□僧□□□縁因
相散□□□然□□□興益等三十一□□□□□渉□□維□
□□□一道□□□□主□□□□□子恭恒□性□□□□□
□□□云□□□□□□□□□□□□轉□識□□□□□□
永□□定
大齊　武平壬辰四月廿三日□肆州李□柯維那□□□春属□
超海事同□味三世□奴□□□樂□州判荆名珎□□□□□

□唯□何幷銘發願□□□眷屬□□□知恒□□□□

千象主李迺□　天王主郭遠　齋主王子梅　天王主趙超

千象主□□□　天王主□□　香火主面曇□　天王主□康

比丘喬惠　比丘□□　共同造　都觀主李清元

齋主馬施母郭法傳　香火主張　璘

清淨主高子榮

右造像碑高五尺九寸寬二尺六寸下節文高一尺一寸共二十九行行十二字正書徑七分上節與後面左右側均造像共一千尊又前額造大像四尊後額造大像三尊均剥落不清今在盂縣城武村大覺寺

按碑文漫患不能句讀惟文内有興益等三十一數字係似三十一人造像年號不顯以大齊與壬辰考之當是北齊後主緯武平三年且平字尚可識故定爲武平以北齊物録之

玉像寺造像

武平五年九月廿三日榆壘村維那張和維那弓威等一百八十人敬造玉像一為三寶日隆曰豐民安人和道業以及□地衆一時成佛

像主衛舍人生一□陽柱興捨□一区二人普為一切法界□有俱成佳土

右菩薩高二尺半寬尺五石質白如玉現在盂縣西南界玉像寺

玉像創於魏世宗由恒農荆山造珉玉丈六像後迎洛濵報德寺說文珉石之美者似玉而非此玉菩薩當亦珉玉之流武平

五年係北齊後主即位十年距世宗七十餘年猶沿造玉之風像原在今寺後山頂爲榆壘村人張和等共造清雍正間以原寺廢移至今寺惟碑云係某僧徒所造則似未見原文鄉傳謂不知由何處舁至本村不動因建玉像寺名難舁村尤爲不經文刻榆壘村則村原爲榆壘後分南北故元明碑名南榆村由南榆而又分東南西南故今有北舁東南舁西南舁之名推其始則皆榆非舁也甚矣俗傳之易訛也

高平寺塔像記

夫至運閲翳三原未啓道俠乾𠃉灑於想表闡□□以生萬物感
天地以帶靈言嘆昆沌如通四敍□□類之曉五情並驅於苦樂
之海入於生死之□□□無上大覺獨悟神機應現玉官著形丈
六登□□□八波若地開四帝門立□乗除引倉生□□□□□
子濟於浮囊居屍醊響雙樹潛神□□□□留石室廊周法界
咸遵歸仰然此村邑義道　俗等卅六人並心擲署善志達淵原自
慨身如泡沫峻若電光敬事菩提無由瞻仰減徹家資用隆寶塔
安高平兗宣在麗丘鎸□□珉一經岨□上為皇　帝陛下臣僚
百官壽命延遐祚隆溙日八表無塵四海清寢負及法界有形俱

登佛道其辭曰　經始未建大業允荒乾徒佚運敢邀陰陽由生
萬類啓道流光其一唯天曉悟獨號慈尊方便開教演唱玄門引契大
宅妖披幽□化爾率土德閏弘津其二夙□殖善結義符心共敦松□
出自胸衿建斯寶塔溪嶠流沈刊碑鐫石千載垂音

右側

□□大隋開皇十二年歲次壬子二月丁丑朔八日甲申
□□并州石艾縣陳家鄉人像碑像故記耳
魏田鄭長生
功德主全道隆　邑子段榮顯
邑子□□□　邑子□□□

後面

大齋主蕪廣敬
大齋主眭思梧
大齋主高法濟
浮圖主馬源□
銘像主李進國
東龕主程思好
西龕主李羅雲
都邑主眭元譽
初邑主假伯仁

邑子齊通達
邑子武光顕
邑子許景興
邑子陳万年
邑子劉三仁
邑子王子原
邑子韓羅侯
邑子趙買奴
邑子趙思□

邑子韓暉宗
邑子陳買奴
邑子段河清
邑子韓土鄉
邑子李朗忩
邑子韓容仁
邑子韓土剄
邑子劉洛珎
邑子眭子恭

邑子蕪元敬
邑子眭法容
邑子解邕容
邑子武阿松
邑子武小香
邑子張要毋
邑子格僧妃
邑子向敬蘭
邑子李怜妃

師釋主武高嵩　邑子李子崇　邑子李三和　邑子武貴容

輪王主武嵩和　邑子許顏貴　邑子餡無洛　邑子王逢容

香火主張□□　邑子趙可達　邑子畦子劉　邑子王佳女

清淨主張倫政　邑子趙可進　邑子董定康　邑子蘒怜子

維那主高世洛　邑子張業達　邑子李多保　邑子李貴妃

四天主王買□　邑子李子國　邑子武嵩和　邑子畦華容

雙像主向僧暉　邑子畦洪慕　邑子劉富主　邑子楊玉妃

初齋主李敬仁　邑子畦土康　邑子楊惡亞　邑子李伏光

初齋主張清住　邑子李逍遥　邑子馬道榮　邑子閻桂薑

初清淨主李仲　邑子趙丗孫　邑子閻永貴　邑子麗琛妃

都管主睦法容　邑子張伯遵　邑子陳買德　邑子睦小容

上像傍　雙像主向僧暉

左側

邑子睦元譽　趙口口

邑子高世洛　劉天恩

邑子睦貴洛　趙孝恭

邑子睦子榮　趙口顗

右碑高四尺寬二尺五分前面共十六行行二十字徑一寸後面共二十行行二十一字徑八分額刻佛像二尊旁鐫雙像主向僧暉六字舊在洪塘村高平寺現移盂縣圖書館

按碑上首造像文云用降寶塔安高平堯後又云像碑像故記

則建塔造此像碑記之其云安高平堯則當時即有高平之名後書并州石艾縣考北魏孝莊帝建義元年并盂入石艾即今平定縣又唐李吉甫元和志盂本漢舊縣屬太原郡後漢及晋不改在今縣西南陽曲縣東北八十里故盂縣城是也即後魏大祁城今大盂川後魏省屬石艾縣隋開皇十六年分石艾縣置原仇縣屬遼州大業三年改原仇為盂縣即今縣武德三年置烏河縣在今淩井鎮貞觀元年併盂唐書及陳氏地理沿革表此碑在開皇十二年故仍為石艾此可為盂併石艾之確証據此則盂縣可分為三西煙一帶為前漢之盂縣與今陽曲縣大盂鎮一帶為列國之盂邑今縣城一帶為隋之原仇縣即列國晋之仇由國興道村以北為後魏定襄縣之屬地見景岳寺興化寺魏武定年兩造像碑

北齊猶屬定襄見齊天保邢多五十人等造像至唐始統為盂縣見興道千佛山開元年摩崖造像及上文石佛山咸亨上元摩崖造像縣志未詳可據以補

隋權决洛摩崖造像

唯大隋大業三年歲次丁夘三月己酉朔十二日庚申佛弟子權决洛兄弟合家大小等敬造象一區為亡考亡妣過去及未來上帝陛下又為七代父母因緣眷屬法界衆生共同侍佛

右石高七寸寛一尺四寸共十二行行七字正書徑七分左邊佛龕一坐像高一尺五寸寛一尺左右立像各一高一尺二寸寛三寸半龕外左右立金剛像各一高一尺四寸寛六寸右邊佛龕一立像高一尺寛四寸今在盂縣窰溝村西兩嶺山東界

隋張叅軍摩崖造像

大業□年八月廿日佛弟子司兵叅軍事張□□願造阿弥陀像

一區

右石高九寸寬八寸共四行行八字正書徑九分左邊佛龕一坐像高一尺三寸寬九寸今在盂縣窰溝村西兩嶺山西界

按大業爲隋煬帝年號佛像自元魏創造後齊崇行周武帝曾因僧徒猥濫詔毀一切隋開皇元年詔造經像而京師及并相洛等州最盛兩嶺山爲今陽曲盂縣交界處隋書地理開皇十六年改陽曲爲汾陽分置盂縣又分石艾置原仇縣大業初廢汾陽之盂縣改原仇爲盂縣此地時仍爲汾陽爲盂縣惜無地名可考惟唐武德三年又置烏河縣貞觀元年併入盂縣始統爲盂今山界東爲盂西爲陽曲有明界碑故附西界一像

唐邢天護等摩崖造像

咸亨五年八月廿日口仙鄉義豐村佛
弟子邢天護妻口男行師爲亡母師妻
王口　口男德口
妻口　及德慶德儉
像連座高七寸寬一寸八分
男口　口藺孫女口
子口　爲父母七代
口仁　帝陛下師
衆生
僧父母及口口眷属法界　俱登口口
佛弟子合家供養一心侍佛口口口
慧口口法花薄並口口

右石高一尺三寸寬九寸中座像一連座高七寸寬一寸八分

大唐上元元年歲次甲戌九月丁未朔十八日甲子合邑共廿一

人敬造阿弥陀仏成上為　皇帝陛下為法界衆生共成仏道郭
通母菀張小奴母麗王金妻韓皇甫弁母賈許廓妻郭張孝妻王
陳方妻邢許堪妻張王感妻郭邢师妻王鄭胡妻劉劉顧妻王趙
文恵妻皇甫益護妻張郝毛妻王王君□妻李　合邑人供養仏
時張□惷張□車賈玄□□□斌並供養王師妻□郭恵母□師
□妻□□妻張李玄妻張趙堪妻許

右石高一尺五寸寬八寸三分左邊坐像一高七寸寬三寸半

上元元年□月廿日太原縣人郝玄太妻子上為　皇帝陛下師
僧父母並為法界衆生合家大小供養仏時　賈玄□供養

右石高四寸寬七寸上面坐像一連座高七寸寬五寸

大唐上元三年歲次景子十一月乙丑朔三日丁卯成像孟縣口
仙鄉義豐村騎都尉前校尉口俊亻妻張妙娘子息堪子妻皇甫
邢張張女顏容孫男行斌妻張男口開長道開口女口娥孫男行
口妻口孫男行口　孫女妙口口女妙海合家敬造石像一雙上爲
天皇天后下爲法界衆生口口口口俱成正覺
右石高一尺六寸寬七寸半左邊像二連座高二尺寬六寸
儀鳳二年九月十二日口口達小上爲天皇天后口口口父師表妻口
口口口口名拓隊正劉思願妻口
右石高五寸寬二寸六分右邊像二高四寸寬一寸七分
儀鳳二年十月六口口口道及男貫口口口口見存父母法界衆生口妻

胡男小□妻喬男□□妻楊寶男仁義仁□摩子妹菩薩合家眷
屬亻□
右石高七寸半寬六寸半左邊像一連座高一尺二寸半寬五寸
維大□儀鳳□□□□佛弟子□□妻□□張盖伏讚弟佛□□
興敬造石像一區□子女□張興妻□神感神義神敬神亮□子
合家供養
右石高六寸寬五寸半左邊像一高三寸半寬一寸半
□□□□□原□□佛□□□□□石□母□□□□□□
妻□□□□□□□合□□□□□□□□□□□□□□合
沙□□□□□□佛弟□□□妹敬會德□登□法□德眿德□

妻□□□□□妹神娥廿上爲天皇天后下爲師僧□□□六
親眷屬㳒界衆生俱登□覺佛弟子合家供養佛時□母讚一首
□聞哀□父母生我□勞養育成人號天罔極懷胎十月□□□
涕泪滿臨時命□供□佛弟子□□□□□少俱□血□□□□
豬羊□□□□□□身□□□□莫□□□□□東西□□□□
□□□□□髮□□□□□□□身□□□□□□濟與□□□
□慈母憐□□□倦當生□□□□盛老顏□□□□和容□□
□護□晡難可□□□□成八隆□□□□之言不□□頷躬□
□□遠兄弟姐妹斷絕□□來過□□衆生顛倒□六親姊妹□
□□□□□勞怨重□□□□□□□□□明供養龕上

許行斌爲身顛造石像一雙普爲法界衆生共同供養　二像中間

右石高五寸寬四尺一寸龕内左右二坐像一高九寸寬四寸

一高一尺寬五寸

佛弟子張孝□妻王男海□□揚孫男阿朗女善光女善英女怜

環女將兒合家供養

右石高三寸七分寬七寸左邊坐像一連座高七寸半寬二寸八

又

像一高一尺二寸寬五寸半

像一高三寸半寬一寸二分

像二高三寸半寬一寸二分

像二高六寸七分寬二寸二分

像二 高三寸半寬一寸三分

右像均無字

以上造像共二十尊在盂縣上文村石佛山侯家墳東南

按唐高宗總章三年庚午三月改稱咸亨又五年甲戌八月改稱上元皇帝稱天皇皇后稱天后又三年丙子十一月改稱儀鳳此像於咸亨五年八月猶稱咸亨於上元元年九月猶稱皇帝陛下上元三年十一月猶稱上元蓋盂距長安較遠尚未知也至上元三年與儀鳳二年即稱天皇天后斯時武則天已威行天下故造像亦與天皇並祝其書景子者以唐因諱祖昞爲景也地近爲河縣舊治兹書盂縣足証貞觀元年已併爲河入

盂其書太原縣人蓋寄居於盂者像均造於開元十一年以前開元十一年改府故均不書太原府

唐左天保等摩崖造像

唯大唐儀鳳二年歲次丁丑二月甲午朔二日乙未上為天皇天
后師僧父母法界衆生共登正覺左天保何恒德王玄辰武善洪
胡加迪五人等修□鳥尊像六□□□□□□□□□□□

右石高九寸寬六寸半共六行行十二三字不等正書徑七分

左邊佛龕一坐像高一尺四寸寬一尺左右立像各一高一尺
三寸寬四寸龕外左右金剛像各一高一尺五寸寬六寸右邊
佛龕二一坐像連座高九寸半寬五寸一坐像高一尺四寸寬
一尺左右立金剛像各一高一尺二寸寬四寸今在盂縣窰溝
村西兩嶺山東界

按此像與大業年造像同處時高宗已立武后改稱帝爲天皇后爲天后與石佛山造像同時已爲盂縣

唐邢懷智范維等摩崖造像

□□□遐郎遍法界而照昏衢大覺□明濟百億而登彼岸故知
騰波海海□□舟檝之功履險登山必憑梯蹬之力佛弟子邢懷
智為亡父敬造阿弥佛像一鋪上為開元皇帝幷及見存孃孃家
□平安□海□太法界蒼生居登仏□
開元十三年六月癸丑朔
佛像三 中座像一高一尺二寸寬六寸左右站像各一高一尺寬三寸
大唐太原府盂縣□愛鄉□慶村雲騎尉□□維妻□□興月□
晋□女□子□氵澄□法□董□合家□□□□□□□
□舍□□敬造阿□佛□□上為開元□□□□□□□

□□成仙果

開□□□□歲次乙丑六月□□

佛像七中座像一高一尺寬六寸左右站像各三均高一尺寬三寸

□以文覺虛□至□□□□

弟子□□□妻邢為□□阿文

敬造觀世音菩薩又願□□□女仙□□□子養供

開元十六年□□

觀音像一站像高六寸寬二寸

□□□空寂非色相□可觀聖□□□豈天人之所側不生不

□□□而居尊无去无來□六□□□□仙弟子范維妻邢□

口口敬造觀音像一區為開元口口下及法界有口口口缺

觀音像一　站像高六寸寬二寸

右像四龕高寬不一文均刻像左行各不等字徑均二三分漫漶不清前係唐明皇開元十三年次以歲次乙丑考之亦係開元十三年後係十六年末龕不題年號然文有上內為開元等字則皆為開元時物無疑文云太原府盂縣查元和郡縣志武德三年割并州之盂壽陽二縣置受州貞觀八年省受州盂復屬并州開元十一年為府此石在十三年故云太原府盂縣時西鄉之烏河縣已併入貞觀元年併盂縣移治舊原仇縣興道屬盂地與史合今在興道村千佛寺迤北崖半

宋仙人村造像

皇帝万歲天下太平法倫長轉皇祐五年歲次癸巳年六月□□
巳朔仙人村□主信士會合村男衆女衆造佛一尊同正無上佛
菩提張新　謝大姐阿便　高文鄭海王誠高親　教化□面主
□□女□□孫化□千　申婆王□□婆阿姜　田婆□□公
王□胡□　梁婆　員清專移　段婆　郭□王婆　□□仁

右摩崖造像記石高一尺五寸半寬九寸八行行字數不一正書徑六七分不等上邊坐像一高八寸寬四寸半座高一寸半寬六寸左邊坐像一高三尺一寸寬一尺六寸半座高五寸半寬二尺六寸今在盂山仙人村越霄山半

按皇祐係宋仁宗第七年號五年屬癸巳實仁宗即位之三十一年此時造像之風已微間有造者亦多係村農故文字皆謭陋不文以宋物聊録之石書仙人村則仙人之名由來已遠矣

盤闗石佛嶂造像

第一層石邊
工和□□□□□□□□□□招讀山寺住院僧文悅俗姓任現
年六十一歲願心於此鐫佛盖閣持道□□
都維那張□　都維那李表
維那安臻　維那趙迺
維那安志　維那陳翰
嘉祐四年己亥歲四月八日鐫佛
□□記　□□□記覺　王□
第四層第三像下
□□地主安豊材呂□□
住院僧

第七層第二像下
口口佛木曹龍
第三像下
口旃檀口口觳明佛
第五像下
南无普佛小交里
第六像下
南无普明佛小交里
第八層第一像下
四顧慧地菩薩
第三龕下
六現滿地菩薩
第四龕下
八不動地菩薩
公児平娑孃邑口　下口王璘　下口曹曼
第五龕右上
奉為
皇帝万歳郡主千口文武衆寮常居禄位應係有情同霑福利
修十地菩薩功德主僧文悦
同修菩薩下口張斌吉二火　張公　曹曼　王璘　李廣　石祀
石門村　張口
伏願國泰民安風調雨順五穀豐登八方寧静十大軍銀郭口

功德主抱□□□□　僧文悅俗姓任現年六十三歲　嘉祐六
年辛丑歲五月一日癸未十一□　第五龕右下　功德主僧文悅
下□張斌　第十二像下
福第□喜地菩薩
劉□□□□
石摩崖造像共八層第一層七尊西邊記石高一尺一寸寬一
尺二寸共九行行字數不一正書徑六七分不等第二層九尊
第三層九尊第四層八尊第五層十三尊中一坐像高一尺八
寸寬一尺一寸左右二立像各高一尺第六層十一尊第七層
十三尊以上均坐像各高八寸寬各三寸半第八層十三尊第
□

一二尊坐像均高一尺五寸第三四五六均有龕無像四龕下有文石高四寸半寬一尺一寸共十八行行字數不等正書徑四五分不一第七八立像均高一尺一寸後五尊均坐像各高一尺三寸寬一尺共像八十三尊今在盂縣十八盤關石佛嶂

按嘉祐為宋仁宗第九年號四年屬己亥實仁宗即位之三十七年在仙人村造像後六年像為僧文悅兩次所造是年六十一歲其第八層書六十三歲確係嘉祐六年辛亥文不成章又多費解鄉人之迷信佞佛於此可見像在盤關棧道北嶺極高處地為要險而工亦艱險共和乙丑春余閱防經其下未敢陟覽令搨以録存

金文殊寺菩薩座記

維大金國河東北路太原
府盂縣龍壁村大悲□
衆特捨□財集□
菩薩堂華座一所
邑長王德
邑長胡祥　曹仲
功德主劉義
知事張經
邑録張順　劉厚

邑人陳天　李全　任立

智□　張全　□□□□

○丐乞兒胡　助緣陳羊

貞元三年二月十五日

舊脩造功德主傅大張□

當院任持□□□脩造主イ□

化主傅□立

傅土皿　行眞氏

塼匠都料孟立　崔信

□九□

右塼高四寸五分寬一尺二寸五分共十七行均字數不等正

書徑五六分不等今在盂縣榆北村文殊寺菩薩座台中嵌存

按貞元為金主亮天德五年三月遷燕京改稱三年為乙亥時盂尚為縣屬河東北路（河東南路今平陽一帶）太原府（河東北路置太原總管府）龍壁村元為榆壁見元元統三年重修文殊院記謂不知改自何歲其云刻木為文殊像佛座建於亡金貞元三年即此華座也後列知事張經蓋知修座之事者此亦造像座記故附造像類榆壁今亦為榆北盂北在盂城之北以音同也

元吉村石佛像

至治元年八月廿日重建

右石高九寸寬八寸五分中坐像一連座高五寸五分左右站像一各高五寸五分右側字一行徑八九分不等原存前元吉村大王廟今存圖書館

甲子余於後元吉觀音堂見造像碑四面小佛以千數石質紅沙風雨已剥蝕不分面目上下無年月文字審碑約係魏時造像詢據村人碑在村西南寺原上掘出其地原爲寺院不知其爲何代同時掘出一小石佛刻元至治年號當係元代物然造像至元已衰恐係魏齊閒物及見石佛右側刻至治元年八月

廿日重建查至治係元英宗年號豈舊像重造抑記寺重建年月於像側非佛於元時重建歟姑記以俟知者

盂北姑姑崖造像

嘉靖二年立

按盂北村北十里許後峪溝有姑姑崖刻道姑一龕坐像高二尺八寸寬一尺二寸兩旁站像各高一尺二寸寬二寸五分左又有像一區五層均八位一至三層各高三寸寬八分四至五層各高三寸二分寬一寸右有三層各五六位不等僅上二中三下一像尚顯各高三寸二分寬一寸餘均殘毀像下有洞泉流左區右角下有文殘缺僅嘉靖二年尚可識豈明代造物光緒七年志載未詳所始當未見此

石佛村摩崖造像

小坪村重佛　弟子王正□□□□□□

□訁□正□□公□□□□清

□□□□□□□□□□□□

□□男五□□廣哥共發俟□

□□□乙巳□庚□故誌耳

右像高約二尺寬約一尺左文五行剥落不分字數字徑約三四分不等在盂縣西石佛村東南山下

此像僅小平村乙巳等數字尚可識人名年號均漫漶莫辨小平即今東西小坪又南鄉許家溝村東北山半有佛龕三四下

崩一大石三面中均佛龕傍均小像北鄉興道村東玉掌溝與
西山及西鄉黑石灣東鄉韓家莊溝口均有像一龕同此磨滅
無文惜哉無年可分附尾存古